O Cérebro no Esporte

Vencendo os bloqueios e ansiedade de desempenho

David Grand e Alan Goldberg

O Cérebro no Esporte: *Vencendo os bloquieos e ansiedade de despempenho*

David Grand e Alan Goldberg

O Cérebro no Esporte

Vencendo os bloqueios e ansiedade de desempenho

David Grand e Alan Goldberg

Título: **O Cérebro no Esporte:** *Vencendo os bloqueios e ansiedade de desempenho*

Primeira edição em inglês: 2011 Dog Ear Publishing

©2011 Dr. David Grand e Dr. Alan Goldberg

ISBN: 978-1-941727-08-9

Todos os direitos reservados
Nenhuma parte dessa publicação pode ser reproduzida, armazenada em um sistema de recuperação, ou retransmitida, sob qualquer forma ou meio, eletrônico, mecânico, fotocópia, gravação ou outro, sem a permissão da editora
Proibida a reprodução deste conteúdo por qualquer meio.

Êxodo 20:15. *"Não furtarás"*

Capa: Claudio Ferreira da Silva
Layout: Marcella Fialho e Esly Carvalho
Tradução: Priscila Leiko Fuzikawa
Revisão: André Maurício Monteiro

TraumaClinic Edições
SEPS 705/905 Ed. Santa Cruz sala 441
70.390-055 Brasília, DF - Brasil
info@traumaclinicedicoes.com.br
www.traumaclincedicoes.com.br

Indice

Agradecimentos vii

Introdução 1

Capítulo 1 - Mackey Sasser, Receptor Do New York Mets: A anatomia de um Problema Repetido de Performance no Esporte (PRPE) 17

Capítulo 2 - O Corpo Registra O Placar: Lesões no esporte e as raízes dos problemas repetidos de performance no esporte 31

Capítulo 3: A Resposta De Luta/Fuga/Congelamento: O cerne dos Problemas Repetidos de Performance no Esporte 49

Capítulo 4 – A História De Calder: Lesões esportivas, problemas de performance e perseverança 65

Capítulo 5 - Problemas Repetidos De Performance No Esporte E O Atleta Como Pessoa: Não Sou Apenas Minha Performance De Atleta 83

Capítulo 6 - A História De Amanda: Superando medos incapacitantes 101

Capítulo 7- De Quem É Esse Esporte Afinal? O dano causado pelas expectativas do atleta, dos pais e do técnico 115

Capítulo 8 - Diálogo Interno e Problemas Repetidos de Performance no Esporte: A batalha travada lá dentro – as vozes do "Bem" e do "Mal" 133

Capítulo 9 – Tratamento: O trabalho de Brainspotting no esporte em ação 145

Capítulo 10 - Autoajuda Para Problemas Repetidos de Performance no Esporte: O que voce pode fazer para libertar-se e voltar aos trilhos 163

Conclusão 181

Bibliografia 188

Biografias 189

Mais Livros Sobre EMDR 190

O Cérebro no Esporte: *Vencendo os bloquieos e ansiedade de despempenho*

Agradecimentos

Um livro como este não pode ser escrito sem o esforço de muitas pessoas. Em primeiro lugar e acima de tudo, gostaríamos de agradecer Rob Polishook, o "Terceiro Mosqueteiro" de nossa equipe. Rob tem sido essencial e tem nos apoiado no desenvolvimento do Trabalho de Brainspotting no Esporte, no Modelo de Trauma no Esporte, e na aplicação de nossas teorias no trabalho, nas quadras e no campo. Rob também foi a pessoa chave para que pudéssemos entrar em contato com Mackey Sasser e Howard Smith. Ele é também um gênio em marketing, com uma força invencível. Isso nos leva a Mackey Sasser, que temos o orgulho de chamar de nosso amigo e incentivador. Mackey abriu-se para nosso trabalho, e ajudou a demonstrar que mesmo o atleta mais bloqueado pode ser desbloqueado. Mackey serve como inspirador e defensor. Seus esforços têm trazido e trarão alívio e liberdade a incontáveis atletas talentosos, que sofrem e sente-se congelados.

Um imenso obrigado a Howard Smith do MLB por estar aberto a grandes ideias, por estar disposto a nos apoiar e a nos respaldar. Howard nunca estava ocupado demais para intervir em nosso favor, ou para abrir alguma porta que, de outra forma, poderia ter permanecido fechada. Obrigado a Lisa Scharwz, uma pioneira do Brainspotting na área de dissociação no esporte. Seu trabalho nessa área é muito importante e tornou-se a fundação do Modelo de Trauma no Esporte. Há ainda muito apreço a Bob Scaer, que trouxe suas maravilhosas inovações para o campo do trauma e seu tratamento. Temos orgulho de ter Bob como incentivador e amigo. Obrigado a Calder Kaufmann, que representa o futuro de nosso mundo. Calder é um arremessador/psicólogo talentoso que poderá levar nosso trabalho para o futuro. Gratidão a Uri Bergmann por ser um professor e guia em sua sabedoria sobre neurologia. Obrigado ao pessoal do Dog Ear Press que estão lá para tornar livros como o nosso uma realidade. Agradecemos a Dave Larabel, da Black Agency, por acreditar em nós e por seus esforços em favor de nosso livro. Valorizamos a equipe que tem nos apoiado em nossa jornada ao longo dos anos: Esly Carvalho, Chris Ranck, Martha Jacobi, Pie Frey, Diane Israel, Roberto Weisz, Steve Walker, Earl

Poteet, Laura Hillesheim, Ceri Evans, Shane Crain, Deb Antionori, Linda Brennan, Lucy Brown, Neilly Buckalew, Anne Buford, Sjoerd de Jongh, Susan Dowell, Kevin Dowling, Philip Dutton, Chloe Katz, Chaya Kaufmann, Oliver Schubbe, Mario Salvador, Fran Yoeli, Evan Seinfeld, Tom Taylor e Terrie Williams.

Por último, mas não menos importantes, gostaríamos de agradecer a nossos muitos clientes atletas, que confiaram em nós, que compartilharam sua dor, e nos ensinaram tanto sobre resiliência e sobre a jornada dos bloqueios até sua superação. Gostaríamos de agradecer especialmente àqueles indivíduos que nos permitiram tão prontamente compartilhar suas histórias com vocês.

Introdução

Encontramo-nos para jantar, na sexta-feira à noite, em um bistrô no Upper West Side de Manhattan. Era aniversário de Mackey Sasser. O dia seguinte havia sido organizado para enfrentarmos o impossível: livrá-lo dos yips[1] de arremesso que tinham posto fim à sua carreira na Liga Principal, onze anos antes. Evitamos falar sobre o desafio iminente e, em vez disso, compartilhamos risadas e relatos de batalhas no campo de beisebol e no consultório de Psicologia do Esporte. Mackey emanava simpatia e charme sulista, mas não conseguia esconder de psicólogos como nós sua inteligência perspicaz e sua emoção profunda.

Com 1,85 metros de altura e 95 kg, Mackey Sasser era o receptor do futuro para o New York Mets em 1988. Um rebatedor agressivo, Sasser era surpreendentemente ágil para um receptor. Os Mets o tinham contratado para substituir Gary Carter, que estava envelhecendo. Em sua temporada de estreia, Sasser rebateu .285 com um percentual de chegada em base de .313. Seus números melhoraram gradualmente durante os dois anos seguintes. Em 1990, Sasser rebateu .307, era sempre escalado como titular e umaestrela em potencial.

Apesar de sua força atrás do home plate e como rebatedor, nem tudo estava bem com Sasser. Em sua temporada de estreia, Mackey ocasionalmente tinha dificuldade com a tarefa simples de jogar a bola de volta ao arremessador. Sasser começou a hesitar duas, três e até quatro vezes antes de soltar a bola. Quando ele finalmente a soltava, seu arremesso era fraco, e não um arremesso com força. Os corredores do time adversário aproveitavam essa idiossincrasia pré-arremesso, e sincronizavam o roubo de bases aos movimentos hesitantes de Sasser.

O problema de Mackey era particularmente desconcertante, pois ele não tinha qualquer problema em jogar a bola de volta ao arremessador *durante o aquecimento*, ou de eliminar um jogador que tentava roubar a segunda base. Em 1990,

---

[1] (n.t.) *Yips*: perda de habilidades motoras finas, sem causa aparente, que afeta atletas de vários esportes. O atleta não consegue executar habilidades simples, e surgem movimentos involuntários como contrações musculares, tremores e espasmos. Aparecem, frequentemente, em momentos de pressão e/ou ansiedade.

seu melhor ano na liga principal, as dificuldades de arremesso de Sasser pioraram. Os fãs do New York e a mídia respondiam com crueldade: "Síndrome de Sasser" atinge a Big Apple. "Sasser está jogando fora sua carreira", eram as manchetes das páginas esportivas. Ele era alvo de piadas incessantes, e, durante os jogos, os fãs contavam alto, em uníssono: "UM! DOIS! TRÊS!" cada vez que Mackey hesitava em jogar a bola. Seu medo e sua humilhação tornaram-se tão intensos que Sasser entrava em pânico na noite anterior a todos os jogos.

Mackey tentou, desesperadamente, resolver seu problema sozinho, mas todos os seus esforços foram inúteis. Os inúmeros especialistas que ele consultou não se saíram melhor em reverter sua espiral descendente. Nada disso fazia sentido para ele. Como era possível que, em um esporte no qual ele tinha se destacado durante toda a vida, sendo o jogador mais valioso em todos os níveis que jogou, não conseguisse executar a mais simples das tarefas esportivas?

O golpe final veio em 1990, quando Sasser foi derrubado por Jim Presley, do Braves, enquanto bloqueava o home plate. Sasser acabou na lista de jogadores lesionados por seis semanas, e nunca mais foi o mesmo. Suas rebatidas pioraram, e ele não mais conseguia soltar a bola. Ele jogou cada vez menos como receptor e, finalmente, foi dispensado em novembro de 1992. Mackey foi rapidamente contratado pelos Mariners, mas logo seu problema de arremesso reapareceu com força total, então ele optou por não mais participar da escalação de defesa. Em 1995, após passagens breves pelo Padres e pelo Pirates, Sasser se aposentou. Ele voltou para casa em Alabama como técnico principal do Wallace Community College, onde se tinha se formado.

Quando nos encontramos com Mackey pela primeira vez no verão de 2006, ele ainda apresentava o inexplicável problema de arremesso. Quando arremessava para seus jogadores durante o treino de rebatidas, não conseguia soltar ou controlar a bola. O problema, que já durava 19 anos, estava impedindo-o de ser técnico na liga principal, um sonho que Mackey acalentava desde a aposentadoria. Mackey compartilhou: "Eu poderia ser um excelente técnico assistente na liga principal, mas eu teria que arremessar em treinos de rebatidas. Tenho medo de não dar conta, e ter que enfrentar a humilhação novamente."

Nosso objetivo ao encontrar com Mackey era simples: tínhamos como meta ajudá-lo a resolver seu bem conhecido yips de arremesso, e demonstrar o poder inovador do trabalho de Brainspotting no Esporte na resolução de Problemas Repetidos de Performance no Esporte (PRPEs).

Eu (Alan Goldberg) tenho trabalhado exclusivamente no campo da Psicologia do Esporte Aplicada há mais de 26 anos, especializando-me em ajudar atletas como Sasser a superar medos e bloqueios de performance. Em 1997, escrevi *Sports Slumps Busting*, que apresentava meu modelo de sucesso para curar atletas que lutavam com PRPEs. Apesar de meu sucesso ao longo dos anos, não conseguia ajudar alguns atletas. Tinha a sensação de faltar algo que pudesse elevar meu trabalho a outro nível. Minha busca por respostas levou-me ao trabalho de David Grand, um terapeuta de traumas sediado em Nova Iorque, especialista em criatividade e aprimoramento de performance, reconhecido internacionalmente. David, autor de *Cura Emocional em Velocidade Máxima: o Poder do EMDR*, tinha aplicado técnicas de cura de trauma a bloqueios de performance e foi pioneiro com um método que transcende toda abordagem utilizada atualmente na Psicologia do Esporte. Suas teorias eram inovadoras: todos os problemas repetidos de performance no esporte, como os yips e pioras graves no desempenho, têm bases traumáticas que operam fora da consciência e do controle do atleta[2]. A não ser que os traumas físicos e psicológicos subjacentes sejam identificados e abordados diretamente, o bloqueio pode ser reduzido, mas nunca completamente eliminado.

David aprimorou seus métodos por muitos anos com atores, cantores e dançarinos, bem como com atletas. Depois de observar seu trabalho e de participar de cursos com ele, acreditava que sua abordagem era a peça que faltava. Meu trabalho com Amanda, uma ginasta de nível 9, paralisada pelo medo (ver Capítulo 6), foi prova de que a abordagem de David

---

[2] (n.t.) Para conferir fluidez à leitura do texto, optamos por usar o masculino genérico, com a ressalva de que estão representados tanto homens quanto mulheres.

revolucionaria a Psicologia do Esporte. Amanda havia sofrido um grave acidente nas barras assimétricas no ano anterior ao que comecei a trabalhar com ela e nunca havia se recuperado emocionalmente. No passado, eu teria sucesso limitado no trabalho com ela. Supervisionado por David, no entanto, ajudei Amanda a superar *completamente* seu medo e a voltar à sua melhor forma.

Ao longo dos últimos quatro anos, temos combinado a abordagem do Dr. Grand com minha especialidade em acabar com pioras de desempenho, tendo como resultado o livro que você lê agora. Como a maior parte de nossa teoria e das técnicas vem diretamente de David, adotamos o nome que ele usa: Trabalho de Brainspotting no Esporte.

Quando David e eu começamos a criar um livro prático sobre seu método inovador, queríamos trabalhar com um atleta que pudesse demonstrar o poder de sua abordagem revolucionária. Soubemos que o problema público de arremesso de Mackey Sasser ainda estava ativo, apesar dos esforços de mais de 50 profissionais na época em que ele ainda jogava. Sentíamos que ele seria o candidato perfeito. Mackey também estava ansioso por nos encontrar, na esperança de obter clareza e de conseguir uma visão objetiva em relação a seu pesadelo pessoal recorrente.

Nosso encontro inicial com Mackey foi orquestrado por Rob Polishook, coach de performance em esportes e amigo pessoal. A busca de Rob por uma carreira na Psicologia do Esporte o levou a fazer contato inicialmente com David e depois comigo. Por meio de uma conexão com um amigo da Liga Principal de Beisebol, Rob organizou nosso encontro com Mackey. Em uma sexta-feira nos reunimos os quatro para jantar e no dia seguinte para uma sessão conduzida por David.

David começou obtendo um histórico detalhado, tanto pessoal quanto de traumas no esporte. Depois fez cinco horas incríveis de Trabalho de Brainspotting no Esporte na cura de Mackey. Essa sessão inicial foi seguida de duas sessões breves por telefone e depois uma viagem a Dothan, Alabama, para trabalhar com Mackey e com alguns de seus jogadores universitários.

Quando visitamos Mackey no Alabama, oito meses após nosso primeiro encontro, ele conseguia arremessar confortavelmente e sem hesitação em treinos de rebatida. Seu problema de performance de 19 anos havia finalmente sido superado! Mackey compartilhou conosco: "Posso ir lá e arremessar sem qualquer problema, mesmo diante de uma grande multidão. É como se um peso de 225 quilos tivesse sido tirado de meus ombros."

Pessoas tanto dentro quanto fora da área esportiva não sabem que a doença que acabou com a carreira de Mackey faz parte de uma *epidemia silenciosa*, que prejudica atletas de todos os níveis em todos os esportes. No entanto, técnicos, pais e atletas têm medo de falar sobre isso, como se fosse algo contagioso. Como no caso de Mackey, os yips parecem surgir do nada: o arremessador de controle perde sua precisão, o punho de um jogador de golfe faz um movimento brusco quando próximo ao buraco, uma ginasta empaca em um movimento que realiza muito bem há anos, um jogador de basquete erra lances livres faltando segundos para terminar o jogo, um tenista comete dupla falta no break point, ou um atleta de salto ornamental perde misteriosamente sua capacidade de fazer um salto reverso com uma cambalhota e meia.

O aparecimento desses PRPEs nunca faz sentido para os atletas, técnicos, pais ou fãs. O atleta não tem a menor ideia do que realmente está errado e fica completamente perdido, sem saber como "consertar" o problema. Seus maiores esforços levam a mais frustração e ao aprofundamento de sua batalha. Os técnicos desses atletas tentam tudo o que sabem, numa tentativa inútil de colocá-los de volta nos trilhos. Quando falham, sentem-se impotentes e assoberbados e frequentemente acabam considerando o atleta como alguém que tem um "problema de cabeça". Alguns técnicos então submetem o atleta a mais turbulência emocional, com humilhações na frente de companheiros de equipe. PRPEs podem ser tenazes, desafiando os melhores esforços da maioria dos profissionais. O atleta, incapaz de ter um desempenho como tinha antes, abandona prematuramente, derrotado, seu esporte.

Males como esse têm atormentado atletas de alto nível, como os arremessadores Steve Blass, Rick Ankiel e Mark Wohlers; segunda base Chuck Knoblauch; e os golfistas David Duval e Ben

Hogan. Para cada nome famoso, inúmeros atletas desconhecidos sofrem do mesmo destino: atletas que são crianças, alunos de ensino médio e de universidades, bem como competidores profissionais de nível mundial.

O que está acontecendo e o que pode ser feito para ajudar esses atletas em dificuldade a retornarem à sua melhor forma? Técnicos, companheiros de equipe, fãs e a mídia dão suas opiniões sobre o que está "realmente" errado. Fazendo isso, contribuem ainda mais para o enorme equívoco que existe ao dizerem coisas como: "Ele é mentalmente fraco", "Ela simplesmente não está motivada", "Ele está amaldiçoado", "Ela não quer isso o suficiente", "Ele não funciona sob pressão" e "Ela desiste facilmente".

Todo esporte tem um nome para esses misteriosos PRPEs. No beisebol, para arremessadores, são chamados de Doença de Steve Blass, em referência ao Jogador de Maior Valor (MVP) da World Series de 1971, que repentinamente perdeu o controle, sua marca registrada, e nunca mais o recuperou. Para o receptor, são conhecidos como Síndrome de Sasser. No golfe e agora em outros esportes, são rotulados de yips. No arco e flecha e nos esportes de tiro ao alvo são chamados de pânico do alvo. Em lançamento de dardos, dardite; em ginástica, em animação de torcida (cheerleading) e em salto ornamental, dizemos que o atleta travou.

Psicólogos do Esporte tradicionais têm restringido seu trabalho com PRPEs à superfície do problema, focando em estratégias mentais conscientes. Aplicam técnicas comportamentais para orientar o atleta a relaxar sob pressão, a modificar seu diálogo interno negativo, a focar na tarefa, a ensaiar mentalmente performance de ponta, a não se apegar aos erros, e a aquietar uma mente hiperativa.

Apesar de todas essas estratégias superficiais serem úteis para o treinamento de tenacidade mental e serem parte *necessária* das habilidades de um atleta, não conseguem resolver os PRPEs. As técnicas cognitivas trazem alívio parcial, temporário aos atletas, porque abordam apenas *os sintomas do problema* (nervosismo antes da performance, pensamentos negativos, falta de foco, por exemplo). No entanto, não atingem as raízes, e consequentemente as dificuldades de performance permanecem ou acabam por reaparecer.

Aprendi isso da forma mais difícil em meu trabalho com ginastas e com atletas de salto ornamental. O medo é um fator inerente aos dois esportes, devido ao alto grau de dificuldade e de risco físico. Para progredir e aprender novas habilidades e mergulhos, o atleta tem que falhar repetidamente no processo de aprendizagem. Ao contrário de outros esportes, onde os erros têm consequências pequenas, na ginástica e no salto ornamental, errar enquanto se aprende deixa a pessoa emocionalmente e fisicamente desestabilizada, provoca hematomas e, às vezes, lesões.

Atletas bloqueados na ginástica ou no salto ornamental continuamente descreveram suas experiências com frases como: "Meu cérebro está preso" ou "O medo está no fundo da minha mente" ou "Não consigo fazer com que meu corpo vá adiante". Ao contrário daqueles que conseguimos ajudar efetivamente com estratégias superficiais, esses atletas não conseguiam utilizar técnicas conscientes de tenacidade mental. *O medo que os prendia era tão devorador que o diálogo interno consciente, as imagens mentais, a concentração e técnicas de relaxamento eram inúteis ou irrelevantes para melhorar positivamente seu nervosismo e seu congelamento.*

Esses atletas bloqueados estavam sofrendo de uma versão de transtorno de estresse pós-traumático (TEPT) que chamamos de *transtorno de estresse traumático relacionado ao esporte* (TETRE). A origem dos medos e dos bloqueios profundos dos atletas pode ser rastreada à história de trauma e de lesões, tanto dentro quanto fora do esporte.

A prática esportiva nos expõe a trauma físico e emocional. Na realidade, a vida diária nos torna vulneráveis a experiências negativas frequentes, algumas maiores que outras. Quando praticamos esportes em competições, nossa exposição a esses tipos de traumas físicos e a outros emocionais aumenta. Esportes como ginástica olímpica, salto ornamental, futebol, e hóquei no gelo têm potencial mais elevado para lesões graves.

Traumas físicos podem ser tão simples quanto uma entorse leve de tornozelo, um músculo um pouco distendido, ou perda do fôlego após uma colisão. Podem, no entanto, ser mais graves e incluir concussões, rompimento de cartilagem, fraturas ou luxações, lacerações profundas, ou qualquer lesão que demande cirurgia. Esses traumas podem ocorrer tanto no campo quanto fora dele.

O trauma emocional relacionado ao esporte pode incluir humilhação por parte de um técnico abusivo, pelo colega de equipe ou pelo pai; uma falha que faz com que a equipe sofra uma perda crucial; ou lesões físicas assustadoras ou graves (na cabeça, por exemplo). Algumas vezes o trauma resulta só de se testemunhar uma lesão grave que ocorre com outro atleta.

Quando examinamos a história esportiva e pessoal de atletas lutando contra PRPEs, *sempre* encontramos um acúmulo de traumas esportivos. Com TETRE esses traumas emocionais e físicos ficam congelados no cérebro e no corpo do atleta. Isso inclui todas as imagens, sons, emoções, sensações corporais, assim como pensamentos negativos que acompanham os traumas.

Isso diferencia o modo como nosso cérebro e nosso corpo lidam com experiências normais. A maioria dos eventos cotidianos são processados e armazenados em nosso cérebro profundo, longe da consciência. Se você se lembra deles, desencadeiam pouca ou nenhuma reação física ou emocional. Como as memórias traumáticas estão congeladas na íntegra, elas impedem que os atletas se conectem com experiências positivas anteriores. Uma arremessadora de softbol sabe que as chances de ser atingida no rosto *novamente* são pequenas, mas seu medo elevado bloqueia o acesso a essa informação. Portanto, ela não consegue superar a ansiedade, não consegue relaxar e focar quando está no montículo, e é incapaz de arremessar com velocidade e precisão. Suas memórias físicas e emocionais do trauma, mantidas fora da consciência, são reativadas cada vez que ela arremessa. Como consequência, ela falha ao tentar usar diálogo interno positivo, visualização, rituais, concentração e técnicas de relaxamento. Com atletas que enfrentam problemas de performance oriundos de trauma, essas estratégias são como tentar impedir que um elefante ataque usando uma rede de caçar borboletas.

À medida que um atleta sofre traumas adicionais, essas experiências negativas congeladas acumulam-se *inconscientemente*. *São os resíduos inconscientes dessas experiências anteriores de performances negativas que geram sensação de perigo, de tensão física, e de dúvida em relação a si mesmo, interferindo numa performance ótima.* Essas raízes traumáticas permanecem intocadas pela abordagem atual da Psicologia do Esporte, porque a abordagem usual trabalha apenas com a *mente consciente* do atleta, em vez de alcançar as raízes do problema, que estão localizadas profundamente em seu *corpo* e em seu cérebro.

Um atleta debatendo-se nas garras de um PRPE vivencia níveis extremamente altos de ansiedade quando se aproxima da ação problemática. O arremessador com problema de controle, o receptor que não consegue lançar a bola de volta ao arremessador, a ginasta prestes a tentar uma pirueta para trás na trave de equilíbrio, o goleiro que não segura bem a bola sob pressão ou o jogador de golfe a um metro do buraco. Todos estão preocupados com o pensamento: "*E se acontecer de novo?*" O atleta, aprisionado na ansiedade antecipatória, repetidamente confirma essa profecia autorrealizável. Consequentemente, fica com aquele olhar congelado, como um cervo diante dos faróis de um carro.

Sem o saber, o atleta está em um estado primordial de medo, igual a nossos ancestrais mamíferos. O núcleo desses PRPEs pode ser compreendido examinando-se os mecanismos de sobrevivência universais e involuntários, programados em todos os animais: *a resposta de luta/fuga*. Ao perceber perigo, todos os animais respondem com mudanças neurofisiológicas que os preparam para a ameaça percebida, seja lutando, seja fugindo. Toda energia disponível é canalizada para a sobrevivência, à medida que a adrenalina aumenta a frequência cardíaca e respiratória, tensiona músculos e torna a digestão mais lenta.

Essa resposta instintiva ao perigo é apropriada quando somos confrontados com uma ameaça real, mas devastadora quando surge durante uma performance. A resposta biológica ao estresse perturba de forma dramática a capacidade do atleta de permanecer relaxado, calmo e focado: pré-requisitos críticos para uma performance ampliada. Na verdade, o que vemos quando um atleta tem um desempenho muito aquém de seu normal é a resposta de luta/fuga agindo no tempo e no lugar errados.

Muitas pessoas não sabem que outra parte de nosso mecanismo de sobrevivência é ainda mais responsável por piorar os PRPEs. Essa parte é a resposta de *congelamento* descrita por Peter Levine em seu livro *O despertar do tigre – Curando o trauma*. Quando confrontada por um predador, uma presa age imediatamente de acordo com o instinto de luta/fuga. Quando essas opções de sobrevivência não são possíveis e a presa foi capturada, aciona-se um instinto reptiliano de imobilidade total, ou seja, de congelamento. Essa resposta tem dois propósitos: Primeiro, o congelamento é a última tentativa de sobrevivência, já que muitos predadores não comerão presas que percebem como mortas. Em segundo lugar, ao congelar o animal entra em um estado alterado no qual não sente dor, assegurando que não sofrerá se for devorado.

Se o predador perder o interesse por sua presa "morta" e for embora, a presa literalmente *treme para libertar-se* dos efeitos residuais de seu estado de congelamento e restabelece o controle ativo de seu corpo. Retorna à natureza e retoma a vida, não afetada por esse encontro com a morte. Ao tremer para libertar-se da experiência traumática, o animal descarrega completamente a energia congelada que foi imobilizada para a sobrevivência.

Os humanos, ao contrário de nossos progenitores animais, não se recuperam naturalmente desse congelamento traumático. Apesar de reflexamente entrarmos em estado de congelamento, perdemos muito de nossa habilidade de descarregá-lo. Esse resíduo físico e emocional leva a sintomas de trauma, como pânico, impotência, flashbacks, dissociação e evitação. Todos esses sintomas são claramente visíveis no atleta que luta contra um PRPE.

Até a descoberta de David Grand sobre a base traumática dos PRPEs, os efeitos devastadores da resposta de congelamento em atletas eram misteriosamente insolúveis. Apesar de atletas raramente serem expostos a situações de ameaça à vida, seus enormes desafios frequentemente disparam a resposta de luta/fuga/congelamento. O sucesso vem para os menos traumatizados. Para os mais traumatizados emergem pânico, bloqueios e fracasso: a ginasta não consegue andar para trás na trave, o mergulhador fica congelado no trampolim, o golfista congela no momento de uma tacada crucial e o arremessador prende a bola com as bases lotadas.

Ao contrário da abordagem tradicional da Psicologia do Esporte, focada no sintoma, o Trabalho de Brainspotting no Esporte identifica e tem como alvo problemas de performance presos no cérebro e no corpo no atleta, até chegar às raízes do PRPE. Isso é alcançado pela abordagem holística, centrada no cérebro e no corpo, que é o fundamento desse livro. Ela utiliza o Trabalho de Brainspotting no Esporte (apresentado nos Capítulos 9 e 10), criado pelo Dr. Grand. Esse método utiliza a ativação dos hemisférios direito e esquerdo do cérebro por meio de sons que se alternam entre um ouvido e o outro, além de um processo que localiza e libera o trauma por meio de posições oculares. Todos esses elementos ajudam o atleta a "processar" os traumas subjacentes que alimentam suas dificuldades de performance. O Trabalho de Brainspotting no Esporte libera o atleta, de uma vez por todas, da bagagem física e emocional que se acumulou silenciosamente ao longo de anos, deixando-o livre para voltar à sua melhor forma e a ir além.

Este é seu cérebro nos esportes: como superar bloqueios, crises e ansiedade de performance de uma vez por todas! apresenta uma perspectiva inovadora em relação ao mistério dos PRPEs. Apresentamos ao atleta bloqueado, a seus técnicos e a seus pais informações essenciais sobre a gênese dos PRPEs, como são mal compreendidos e tratados inadequadamente, além de passos concretos para a resolução e para o retorno ao desempenho ótimo. Este livro informa técnicos e pais como melhor compreender e interagir com um atleta em dificuldade, de modo que se tornem parte da solução e não parte do problema. Além disso, nosso livro vai além da resolução de problemas e do fim das crises para ajudar a ampliar a performance do atleta, alcançando novos níveis de excelência.

O Capítulo 1 inaugura a discussão sobre os PRPEs, contando a história de Mackey Sasser. Como mencionado anteriormente, sua carreira promissora na Liga Principal foi bruscamente interrompida pelo yips de arremesso, um mal misterioso que resistiu aos melhores esforços de mais de 50 especialistas. O problema de Mackey ilustra claramente a natureza e as origens dos PRPEs e introduz nossa teoria revolucionária de que problemas repetidos de performance derivam de trauma subjacente. Ilustramos como o atleta não consegue recuperar seu melhor desempenho, a não ser que essas questões sejam abordadas em seus núcleos. Nossas sessões com Mackey revelam o Trabalho de Brainspotting no Esporte, que curou de forma notável seus yips que ainda estavam ativos, cerca de 11 anos após o término de sua carreira.

O Capítulo 2, "O corpo registra o placar", detalha como lesões e traumas acumulam-se inconscientemente no cérebro e no corpo do atleta, resultando em PRPEs. Ao contrário de experiências normais, que são naturalmente processadas até o fim e armazenadas nas partes profundas do cérebro, traumas físicos e emocionais permanecem não-processados, congelados em sua integridade. Meses e anos mais tarde, quando expostos a uma situação que lembra o evento original, o atleta vulnerável vivencia flashbacks, pânico, evitação e outros sintomas confusos de trauma que geram ansiedade e minam a performance. Denominamos esse fenômeno de Transtorno de Estresse Traumático Relacionado ao Esporte (TETRE). Também observamos atletas que apresentam os sintomas mais extremos de um transtorno clínico chamado de dissociação, incluindo episódios de ausência, de dormência no corpo, de perda de função, de sentir-se estranho, ou de sair do corpo.

O Capítulo 3, "A resposta de luta/fuga/congelamento", apresenta o mecanismo de sobrevivência do corpo humano, a resposta de luta/fuga/congelamento, que contribui para os problemas repetidos de performance. Damos atenção especial à resposta de congelamento, que frequentemente é ignorada, mas que ocorre na vida selvagem, quando presas não conseguem escapar de seus predadores. Esse mesmo congelamento é visto no campo, quando o atleta em pânico se fecha e não consegue atuar. Os yips dos atletas podem finalmente ser compreendidos quando colocados no contexto desse instinto de congelamento.

O Capítulo 4, "A história de Calder", fala sobre um arremessador talentoso que, quando era calouro na faculdade, desenvolveu repentinamente problemas graves de controle. Os yips de Calder ameaçaram descarrilar sua carreira na faculdade e destruir o sonho de toda a sua vida de jogar profissionalmente. Sua história é instrutiva, pois ilustra detalhadamente o processo de desenvolvimento dos PRPEs e a relação desses com lesões no esporte e com traumas ocorridos na primeira infância. A história de Calder também é única, pois demandou tratamento de longo prazo, durante anos, e destaca o impacto profundo que o Trabalho de Brainspotting no Esporte tem sobre a vida do atleta *fora do âmbito esportivo*.

O Capítulo 5, "Problemas Repetidos de Performance no Esporte e o atleta como uma pessoa", enfatiza a necessidade de se reconhecer o atleta como pessoa, distinto de sua performance. Técnicos, pais e psicólogos do esporte frequentemente focam em "consertar" o problema do atleta e, nesse processo, negligenciam o atleta como uma pessoa com sensibilidade, com sentimentos e com necessidades próprias. Mostramos que o problema de performance não pode ser curado sem se curar também o atleta como uma pessoa inteira. Essa abordagem centrada na pessoa é ilustrada com a história de uma amazona lutando contra um PRPE há 35 anos.

O Capítulo 6, "A história de Amanda", examina a recuperação de uma ginasta de 12 anos, de nível 9, paralisada pelo medo após um acidente grave nas barras assimétricas. Amanda foi a primeira ginasta que observei ser curada pelo poder do Trabalho de Brainspotting no Esporte. Sua história revela de forma poderosa as limitações da Psicologia do Esporte tradicional na resolução de problemas de performance que têm como base o trauma. Os medos intensos de Amanda ilustram a ineficácia de técnicas como diálogo interno positivo, ensaio mental, relaxamento e outras estratégias de tenacidade mental, todas as que inicialmente tentei com ela, sem sucesso.

O Capítulo 7, "De quem é esse esporte, afinal?", discute o poder destrutivo que as expectativas do atleta, de seu técnico e de seus pais têm sobre a performance e como elas alimentam os PRPEs. As expectativas estão relacionadas ao resultado e atribuem uma importância inflacionada a uma performance específica. Como consequência, criam uma crise interna que exige que o atleta tenha um desempenho de acordo com determinados padrões. O atleta vivencia essa crise como um senso de emergência interna, ("Eu tenho que...Eu devo...Ah, não. E se eu não conseguir?"). Essa urgência interna contrai seus músculos, inibe a fluidez do movimento, mina a autoconfiança e desvia a concentração da tarefa a ser realizada. A pressão de expectativas prejudica consistentemente a performance do atleta e piora os PRPEs.

O Capítulo 8, "Diálogo interno e Problemas Repetidos de Performance no Esporte", revela porque o diálogo interno positivo, o fundamento da Psicologia do Esporte, é essencialmente ineficaz para combater problemas de performance no esporte. Mostramos como as áreas do cérebro relacionadas ao pensamento e à fala não conseguem alcançar ou afetar as áreas profundas, relacionadas à sobrevivência, que contêm os PRPEs. Quando o atleta assustado e bloqueado atua, nenhuma quantidade de diálogo interno positivo ou de raciocínio lógico pode sobrepor-se à resposta ativada de luta/fuga/congelamento.

O Capítulo 9 descreve, passo-a-passo, o processo de tratamento e as técnicas usadas no Trabalho de Brainspotting no Esporte. Revelamos como e porque temos consistentemente alcançado resultados sem precedentes em todos os esportes, descrevendo detalhadamente nosso modelo inovador de Psicologia do Esporte. Esse trabalho tem a capacidade notável de explorar traumas físicos e emocionais passados, enquanto se permanece conectado ao presente. O cérebro e o corpo são mobilizados para fazer o trabalho sozinhos, eliminando a repetição do passado, característica das terapias verbais tradicionais, que consome tempo e é ineficaz. Ilustramos os instrumentos mais avançados do Trabalho de Brainspotting no Esporte, que alcançam o cérebro e o corpo diretamente, localizando e liberando traumas congelados que tiram o atleta de seu jogo. Também demonstramos como essas mesmas técnicas podem ajudar o atleta bloqueado a alcançar novo níveis, muito além de sua imaginação.

O Capítulo 10, "Autoajuda para Problemas Repetidos de Performance no Esporte", explica como o atleta pode usar nossos poderosos instrumentos sozinho. Aqui apresentamos com detalhes o que o atleta pode fazer em casa para abordar a ansiedade, dúvidas acerca de si mesmo, e a frustração em relação à sua performance bloqueada. Também explicamos exercícios que o atleta pode usar diretamente no campo para ajudar a relaxar e a aumentar a concentração. Esses exercícios, cuidadosamente desenvolvidos, têm se mostrado altamente bem sucedidos para os inúmeros atletas com quem trabalhamos. Passo a passo, os atletas poderão libertar-se daquilo que os detêm e aprender como se preparar mentalmente para o jogo a partir de seu cérebro profundo e de seu corpo, a fonte de suas maiores performances.

Este é seu cérebro nos esportes: como superar bloqueios, crises e ansiedade de performance de uma vez por todas! é um livro verdadeiramente revolucionário que vai mudar a Psicologia do Esporte e influenciar o trabalho com performance para além do mundo do esporte. Ele revela a ideia inovadora de que todos os problemas repetidos de performance advêm de traumas físicos e emocionais alojados no cérebro e no corpo, no que chamamos de TETRE. Primeiro, o atleta tem que saber como encontrar o trauma, e, em seguida, tem que saber como libertar-se dele. Não apenas temos essas chaves, que usamos para ajudar tantos atletas maravilhados e gratos, mas também as compartilhamos com vocês aqui mesmo nestas páginas. Esperamos que você goste da viagem.

Capítulo 1 - Mackey Sasser, Receptor Do New York Mets: A anatomia de um Problema Repetido de Performance no Esporte (PRPE)

Eu (DG) sou fã do New York Mets desde que o time foi formado em 1962. Fui aos jogos no antigo Polo Grounds naquele primeiro ano e observava, com entusiasmo, a construção do Shea Stadium logo depois. Até estava lá quando colocaram as placas de grama para um campo novinho em folha. A vitória dos Mets em no campeonato de 1969 foi um dos pontos altos da minha adolescência. Lembro-me claramente quando os Mets compraram o receptor Mackey Sasser do Pittsburgh Pirates. Sasser foi trazido porque Gary Carter, o receptor dos Mets que envelhecia, estava com muitas lesões e precisavam de mais profundidade atrás do home plate. Apesar de não acreditar que qualquer pessoa pudesse realmente substituir Carter, tinha esperança de que o afável Sasser pudesse dar conta do recado. O receptor de 2,10 metros e 95 quilos era um rebatedor agressivo e surpreendentemente ágil para um homem tão grande. Tinha um braço forte e um arremesso rápido para a segunda base.

Em sua temporada de estreia, Sasser obteve uma média de rebatidas de 0,285, e um percentual de chegada em base de 0,313. Seus números continuaram a melhorar regularmente. Em 1990, Mackey teve uma média de rebatidas de 0,307 e parecia ser o futuro receptor do time de Nova Iorque. A era pós Gary Carter parecia estar bem encaminhada e eu estava animado.

Apesar das habilidades consideráveis de Sasser, tanto como receptor, quanto como rebatedor, nem tudo estava bem com ele. No ano em que estreou nos Mets, Mackey ocasionalmente tinha dificuldade com a tarefa aparentemente simples de jogar a bola de volta para o arremessador. Sasser às vezes repetia o movimento de lançar a bola, hesitando duas, três ou até quatro vezes antes de soltá-la. Quando finalmente a soltava, seu arremesso era mais frequentemente sem força do que com força. Curiosamente Mackey não tinha qualquer problema em acabar com um corredor tentando roubar a segunda base. Depois de um tempo, corredores do time adversário aproveitavam-se dessa idiossincrasia antes de arremessar, sincronizando as tentativas de roubar bases ao movimento repetido do braço de Sasser.

O problema de arremesso de Sasser surgiu antes de eu me tornar especialista em performance e trabalho com trauma. Naquela época eu era como a maioria das pessoas, ao supor que as dificuldades de Mackey desapareceriam sozinhas. Sendo fã de beisebol, eu sabia como o arremessador dos Pirates, Steve Blass, tinha perdido completamente o controle 15 anos antes. O que tornava a situação de Mackey tão confusa era o fato de que inicialmente Sasser conseguia arremessar efetivamente no bullpen[3] e para a segunda base. Ele não conseguia devolver a bola ao arremessador *durante* o jogo. Na ocasião, não fazia o menor sentido. Mal sabia eu que, 16 anos mais tarde, estaria trabalhando com Mackey nessa mesma questão.

Em 1990, o ano em que teve o melhor desempenho como rebatedor na Liga Principal, as dificuldades de arremesso de Sasser pioraram. Os fãs do New York e a mídia responderam com crueldade. "Síndrome de Sasser" atingiu a Big Apple (Nova Iorque). "Sasser está jogando a carreira fora", foi a manchete das páginas de esportes. Ele era motivo de inúmeras piadas. Durante os jogos os fãs de sua cidade contavam alto, em uníssono: "Um, dois, três", à medida que Mackey hesitava em soltar a bola. Sua dificuldade de arremesso e a vergonha que o acompanhava tornaram-se tão intensas que sofria de ataques de pânico todas as noites em véspera de jogo.

Naquele mesmo ano, Sasser foi atropelado por Jim Pressley dos Braves em uma colisão forte no home plate. Mackey torceu gravemente o tornozelo direito e rompeu parcialmente o tendão de Aquiles, ficando afastado dos jogos por seis semanas. Quando voltou ao time, nunca mais foi o mesmo jogador de beisebol. Suas rebatidas decaíram e seus problemas de arremesso pioraram até o ponto em que não conseguia fazer com que a bola saísse da mão. Jogou cada vez menos como receptor e foi finalmente dispensado em novembro de 1992. Fiquei verdadeiramente triste ao vê-lo partir, mas feliz por Mackey quando foi rapidamente contratado pelos Mariners. Nos primeiros

---

[3] (n.t.): área em que os jogadores se aquecem antes de entrar no jogo

meses de seu segundo ano com o Seattle, o problema de arremesso voltou com força total e ele foi retirado da defesa. Em 1995, depois de breves passagens pelos Padres e Pirates, Sasser aposentou-se. Voltou para casa, em Alabama, para ser técnico de beisebol no Wallace Community College, onde tinha se formado.

Na época em que Mackey saiu dos Mets, comecei a fazer mais e mais trabalho como psicoterapeuta na área de trauma. Ao trabalhar como terapeuta, estava aprendendo e desenvolvendo novos instrumentos, tais como o EMDR (Eye Movement Desensitization and Reprocessing) e SE (Somatic Experiencing). Eu estava surpreso e encantado ao ver quanta cura eu podia trazer aos sobreviventes de traumas. Esses novos instrumentos e tecnologia ajudavam meus clientes a processar até traumas que inicialmente eles não haviam me relatado. Esse tipo de trabalho direcionou-me mais para o corpo, para seu papel no controle de emoções e no impacto sobre o comportamento. Observei como as *pessoas que tinham sofrido acidentes, ou tinham se machucado fisicamente, carregavam esses traumas tanto em seus corpos, quanto em seus cérebros, muito tempo depois de os eventos terem acontecido*. Era como se o trauma deixasse marcas duplas tanto na mente quanto no corpo. Os dois estavam inexoravelmente ligados.

Rapidamente reconheci a possibilidade de aplicar o que tinha aprendido dessas observações a atletas como Mackey, que eram mais propensos a lesões, como parte natural da prática esportiva. Pensei: *Se o trauma deixa uma marca física e emocional no atleta, seria possível que essa marca estivesse causando esses problemas repetidos de performance?* Quanto mais via o jeito como golfistas, arremessadores, receptores, patinadores e ginastas se emaranhavam tão facilmente em termos de performance, mais me perguntava sobre a possível base traumática desses problemas. Isso me fez pensar sobre Mackey e seus males ligados ao arremesso. Perguntava-me sobre o que teria acontecido se eu tivesse tido as habilidades e a oportunidade de trabalhar com ele naquela época, quando ainda estava na liga principal.

Ao longo de toda sua provação, Mackey queria desesperadamente resolver seu problema, mas era completamente impotente para fazê-lo. Não tinha qualquer pista sobre porque, sem qualquer pressão, não conseguia fazer esse arremesso para o arremessador sem hesitar. *Como poderia ser possível que, em um esporte onde ele havia se destacado, sendo eleito Jogador de Maior Valor em todos os níveis que jogou, repentinamente fosse incapaz de executar as mais básicas das habilidades?* Em uma tentativa desesperada de encontrar uma solução, Mackey consultou tantos psicólogos e especialistas que quase perdeu a conta. Até trabalhou com um hipnotizador, mas nada o ajudou e o problema piorou.

Quando encontramos Mackey pela primeira vez no verão de 2006, 11 anos após o término de sua carreira, ele ainda buscava respostas. Afirmou que *não se passava um dia sequer* sem que alguém perguntasse a ele o que havia acontecido com seu arremesso. Mackey admitiu que havia momentos como técnico em que ele ainda tinha dificuldade em arremessar durante os treinos de rebatida. Ainda estava tendo problemas soltando a bola sem hesitar. Na verdade, esse era o problema de performance que agora o impedia de ser técnico na liga principal, um sonho que ele ainda acalentava, apesar de não mais jogar. "Eu poderia ser um bullpen coach[4] danado de bom, mas teria que arremessar durante os treinos de rebatida. Tenho medo de não conseguir e de te que enfrentar a humilhação novamente."

Quando pedimos a Mackey para nos contar sobre sua história e sua infância, estávamos à procura tanto de traumas emocionais, quanto de lesões físicas que poderiam ter inconscientemente se acumulado ao longo dos anos, finalmente culminando em seu problema com arremesso. *A história pessoal e as lesões de Mackey revelaram claramente o que a maioria dos "especialistas" ignoraram completamente sobre sua dificuldade de arremesso aparentemente incomum.*

Os PRPEs não surgem do nada. Não são algo que se pode "pegar" de um companheiro de equipe infectado e não têm nada a ver com ter um "problema de cabeça". São subprodutos do acúmulo gradual de lesões físicas e emocionais no cérebro e no corpo do atleta ao longo da vida e da carreira. Ponto final. Quando o problema de performance torna-se visível para o atleta, técnicos e público em geral, a maioria, se não a totalidade desses

---

[4] (n.t.): Técnico que trabalha com os arremessadores no *bullpen*, preparando-os para entrar no jogo e supervisionando o aquecimento deles.

traumas ou já foi esquecida há muito tempo, ou foi qualificada como insignificante. Mas o corpo do atleta não se esqueceu e, na realidade, registrou, inconscientemente, um placar extraordinariamente detalhado dessas lesões e das emoções a elas associadas.

Os efeitos físicos e emocionais do placar do corpo são o que, em última instância, interferem com o talento natural do atleta, incontáveis horas de treinamento, e experiência em geral. Como é possível que um atleta que foi eleito Jogador de Maior Valor em todos os níveis seja incapaz de executar a mais básicas das habilidades? *A mente e o corpo do atleta sempre contêm a resposta.*

A história de Mackey Sasser esclarece porque a Psicologia do Esporte tradicional é inadequada para explicar e ineficaz para tratar daqueles atletas que lutam contra PRPEs. Quando olhamos com mais cuidado para problemas de arremesso que atletas apresentam e a história subjacente de lesões, usando a lente de nosso paradigma, o mistério da Síndrome de Sasser, Doença de Steve Blass e problemas de performance inexplicáveis semelhantes em todos os esportes começa a ser desvendado. Eu (DG) trabalhei com Mackey Sasser quatro vezes ao longo de nove meses. A sessão inicial ocorreu em Manhattan, Nova Iorque, e durou aproximadamente cinco horas. A última sessão aconteceu em Dothan, Alabama, e durou 90 minutos. Entre as duas houve duas consultas de meia hora por telefone.

Sasser havia sofrido um número significativo de lesões durante sua carreira no ensino médio, universidade e vida profissional. Essas lesões formaram silenciosamente a base de seu bloqueio de performance. Além disso, tinha vivenciado vários traumas anteriores, não relacionados ao esporte, *e todos esses* contribuíram para o surgimento posterior de seus yips. É notável que nenhum dos mais de 50 profissionais que Mackey consultou ao longo de sua carreira jamais tenha perguntado sobre *qualquer uma dessas experiências negativas*, ou sobre a possível relação delas com seus problemas de arremesso daquela época.

Ao relembrar sua primeira infância, Mackey imediatamente compartilhou dois episódios de sua história. O primeiro foi que seu pai sofria de uma doença reumatológica grave, que limitava significativamente suas atividades, deixando-o incapacitado de tanta dor. Era impossível para o pai de Mackey arremessar uma bola para ele com o braço elevado acima do ombro, ao brincarem de jogar beisebol quando Mackey tinha três anos de idade.

O segundo episódio da história pessoal que Mackey compartilhou foi que, aos sete anos de idade, viu seu irmão de cinco anos correr para a rua e ser atropelado por um carro. O veículo atingiu o menino no peito e o jogou 30 metros no ar. O irmão de Mackey pareceu morrer na hora, mas os paramédicos conseguiram reanimá-lo. De acordo com Mackey, seu irmão nunca mais foi o mesmo física e emocionalmente. Mesmo tendo apenas sete anos de idade, Mackey ficou arrasado com a culpa de ter falhado em sua responsabilidade de cuidar do irmão.

Fiquei (DG) pensando como um menino de sete anos deve ter se sentido ao assistir o desenrolar dessa cena horrível, enquanto estava *congelado no medo e na impotência em sua mente e corpo*. Sua impotência deve ter aumentado quando seus pais, em choque, chegaram à cena do acidente e ele testemunhou a agonia deles. O tema da impotência parecia repetir-se várias vezes tanto no campo quanto fora dele, à medida que Mackey lembrava-se de outros detalhes de sua vida pessoal. Quando tinha 14 anos, o melhor amigo e sócio de seu pai foi assassinado durante um assalto alguns momentos *depois* de Mackey ter saído da loja. Aparentemente, o assassino, que Mackey conhecia, tinha esperado o menino sair.

Esse incidente trágico pareceu minar a confiança e a determinação de seu pai, que acabou por desistir da vida emocionalmente. Mais uma vez, Mackey sentiu o peso da responsabilidade tanto pelo evento, quanto pelo impacto que esse teve sobre seu pai.

Aos 10 anos de idade, Mackey caiu de uma árvore de cinco metros de altura, aterrissando sobre a borda enferrujada de um tambor de 60 litros. Vários pontos fecharam as lesões profundas em seu queixo e na perna, mas 34 anos depois ainda se contraía de dor ao recordar do incidente. Aos 12 anos, teve um cisto de Baker removido cirurgicamente de seu joelho esquerdo. Aos 17, rompeu ligamentos nesse mesmo joelho quando deslizou em direção à segunda base, o que demandou outra cirurgia. Os joelhos são equipamento crítico para um receptor, importantes no agachar e no arremessar. Lesões no joelho, demandando cirurgia, expõem o atleta a mais trauma. O corpo *sempre* é traumatizado por lesões no esporte e por traumas emocionais. Cirurgias ficam marcadas no placar primorosamente detalhado do corpo, e tornam-se parte do armazém cumulativo que inconscientemente serve de combustível para posteriores problemas de performance.

Mackey jogou futebol como armador durante o ensino médio e uma vez foi atingido enquanto estava soltando a bola. Aos 18 jogou como armador em uma liga semiprofissional contra jogadores mais velhos e maiores. Em uma jogada foi atingido nas costelas, enquanto estava corria de costas. A pancada forte ultrapassou seu acolchoamento de proteção, deixando-o dolorido por semanas. Apesar da dor ter desaparecido, seu corpo nunca se esqueceu. É interessante notar que o mecanismo corporal de arremessar uma bola de beisebol e de futebol é basicamente o mesmo. Uma pessoa destra se vira para o lado e alinha seu braço esquerdo na direção do alvo. Ele então balança para trás e desloca o peso para o pé direito enquanto posiciona o braço direito. Seu peso então se desloca para frente quando ele libera a bola e finaliza o movimento. Isso expõe a lateral esquerda do tronco de uma pessoa destra a pancadas de jogadores da defesa correndo em sua direção.

O corpo e a mente de Mackey lembravam-se primorosamente dos detalhes desse evento, especialmente o movimento de seu corpo no momento do impacto. Sempre que voltava a essa posição, fazendo um passe ou jogando a bola de volta ao arremessador, os detalhes do trauma de Mackey, armazenados inconscientemente em seu cérebro e corpo, eram ativados em sua consciência. À medida que seu corpo se lembrava, ele sentia medo e tensão corporal quando balançava para trás para arremessar. Esse medo e tensão física eram o que impediam a execução rápida, precisa e regular de um arremesso.

Em 1984, Mackey foi selecionado pelo San Francisco Giants. Naquele ano, machucou novamente o joelho enquanto deslizava, exigindo reparação cirúrgica de cartilagem rompida. Ao longo de sua carreira, Mackey submeteu-se a repetidas cirurgias no mesmo joelho para a retirada de fragmentos ósseos.

Em 1985 em jogos AA[5] da Liga do Texas, Mackey foi atropelado no home plate por Kevin Keene, que o atingiu na cabeça com seu joelho durante a colisão. Mackey sofreu lesão em chicote e uma possível concussão. O lado direito de seu corpo e pescoço ficaram doloridos demais para ele jogar durante vários dias.

Apesar de todas essas lesões e traumas serem anteriores ao surgimento do problema de arremesso de Sasser, todos contribuíram inconscientemente para isso. Assim como a memória muscular se desenvolve por meio de incontáveis repetições ao longo do tempo, ela *também registra o conjunto de todas as lesões*. Movimentos que se *assemelham* àqueles envolvidos na lesão original suscitam ansiedade e tensão muscular.

Os primeiros sinais do yips de arremesso de Sasser surgiram em 1987 em Calgary, no início da temporada. Era uma noite fria e Sasser foi atingido por um foul tip[6] na beirada de seu equipamento de proteção. Um choque de dor atravessou seu ombro direito e desceu pelo braço que usava para arremessar. Contrariando seu bom senso, Mackey permaneceu no jogo e seu ombro enrijeceu progressivamente. Como sentia dor, não conseguia levar seu braço para trás para posicionar a bola antes de arremessá-la. Passou, então, a manter o braço perto do corpo, como um pássaro com a asa quebrada. A única forma que conseguia jogar a bola de volta ao arremessador era usando as pontas dos dedos para impulsionar a bola. Continuou assim por alguns jogos, mas quando seu ombro finalmente melhorou, não conseguia recuperar o movimento normal de arremesso.

Depois de retornar a São Francisco, Mackey continuou sua batalha. Logo foi confrontado por um técnico que fez um espetáculo público de suas dificuldades com arremesso. O técnico disse a Mackey e a todos os seus colegas de equipe que estavam por perto, que iria multá-lo em 20 dólares a cada vez que hesitasse

---

[5] (n.t.) Nesse nível os jogadores são mais experimente e têm maior probabilidade de irem para a liga principal. Esses times podem também incluir jogadores da liga principal que estão se recuperando de lesões ou problemas de performance, antes de retornarem novamente à liga principal.

[6] (n.t.) Foul tip é quando uma bola apenas resvala o taco na rebatida e vai para trás

ao arremessar a bola. Apesar de o técnico achar que esse tipo de exigência ajudaria, chamar a atenção para o problema de Mackey só o intensificou. O resultado desse aumento do constrangimento era previsível: o problema de Sasser piorou.

A experiência de Mackey com seu técnico mostra uma dinâmica comum para atletas lutando contra PRPEs. *O problema de performance é cíclico: o(s) trauma(s) leva(m) aos sintomas, que acabam por causar trauma adicional ao atleta. Vergonha e humilhação por parte dos técnicos, pais e fãs sempre têm efeito traumático sobre o atleta.* A crueldade, a insensibilidade e a humilhação que os atletas aguentam agravam a dificuldade de performance e a torna mais difícil de tratar. A ansiedade adicional tensiona mais os músculos, distrai o atleta e faz com que a dificuldade de performance continue e piore.

No final de 1987, depois de Sasser ter sido negociado com os Pirates, seus problemas com o joelho esquerdo reapareceram. Os membros da equipe médica do time acharam que a saliência do lado do joelho esquerdo de Mackey fosse outro cisto de Baker, e o puncionaram repetidamente, na tentativa de drená-lo, *mas a saliência era, na verdade, um músculo rompido* que posteriormente demandou outra cirurgia.

Em 1990, Mackey estava em um ano ótimo, antes de romper o tendão de Aquiles em uma colisão forte no home plate com Jim Pressley, do Atlanta. Mackey ficou afastado por seis semanas. A colisão também afetou seu lado esquerdo, de modo que não conseguia balançar para trás quando arremessava. Assim, quando voltou a jogar seu problema de arremesso estava mais pronunciado. Ele descreveu que uma onda de ansiedade o assolava quando pensava em arremessar. Frequentemente não conseguia que a bola saísse de sua mão. No mesmo ano o pai de Mackey sucumbiu ao câncer.

Em 1994, Sasser foi negociado com o Seattle. No segundo jogo do treino de primavera, Kevin Ryan colidiu com força contra ele no home plate, fraturando a escápula esquerda de Mackey. Seu técnico pensou que o ombro de Sasser havia se deslocado e tentou colocá-lo de volta no lugar. É claro que esse erro de diagnóstico e o tratamento mal direcionado causaram ainda mais trauma para Mackey. De acordo com ele, essa lesão foi o prego no caixão de sua carreira. Em um ano ele estava fora da Liga Principal de Beisebol para sempre.

O problema de arremesso bizarro de Mackey Sasser e a conexão dele com sua história pessoal e histórico de lesões destacam outro conceito crucial em relação ao mistério das PRPEs: **PRPEs estão sempre intricadamente conectados à história pessoal do atleta.** A Psicologia do Esporte tradicional tende a ter uma perspectiva míope em relação aos atletas. O foco excessivo na resolução do problema de performance leva à desconsideração do atleta como um indivíduo único. Experiências precoces que afetaram significativamente a vida e a personalidade do atleta não são consideradas relevantes para o problema de performance do presente. Por que os 50 profissionais que trabalharam com Sasser nunca perguntaram a ele sobre sua história de vida e sobre as incontáveis lesões físicas que moldaram sua carreira como atleta? **Acreditamos que nunca se deve separar o problema de performance de um atleta de quem ele é como ser humano único.**

No transtorno de estresse pós-traumático (TEPT), o indivíduo continua a reviver ou a *estar ligado* à experiência traumática. Imagens, sons ou interações no presente acionam memórias antigas. O indivíduo então responde *como se* estivesse revivendo o trauma no momento presente. Pode sentir as mesmas emoções e as mesmas sensações corporais e até mesmo ter os mesmos pensamentos que teve na experiência original.

O transtorno de estresse traumático relacionado ao esporte (TETRE) é uma forma mais sutil dessa condição. Na maioria das vezes, o atleta atingido *não tem consciência da conexão* entre sua dificuldade de performance e as experiências traumáticas passadas, mas está extremamente consciente da ansiedade, da tensão corporal e dos pensamentos negativos integrantes do problema de performance. Mackey ficava inundado de ansiedade, de medo e de pensamentos negativos toda vez que estava prestes a arremessar a bola em jogos, mas não tinha consciência alguma das experiências que alimentavam seu pânico e seus bloqueios.

As informações sobre a história de Mackey nos ajudaram a desvendar o mistério de seus yips de arremesso de longa duração. Como discutiremos com mais detalhes no Capítulo 09, nosso modelo acessa os traumas congelados acumulados no cérebro e no corpo do atleta. Usamos uma combinação de técnicas neurofisiológicas (desenvolvidas por mim) que ajudam a localizar, a focar e a liberar traumas congelados acumulados. A abordagem principal, chamada de Brainspotting, funciona por meio da localização de uma posição ocular que se associa com o local onde o trauma está contido no cérebro. Ao olharmos para uma ponteira nessa posição ocular, o cérebro e o corpo processam e liberam-se do trauma, às vezes com velocidade surpreendente. O Brainspotting torna-se *ainda mais* efetivo com a estimulação cerebral bilateral dos CDs BioLateral que têm sons de natureza e música curativa, passando de um lado para outro entre os ouvidos direito e esquerdo.

O Brainspotting ajuda a descongelar experiências traumáticas congeladas do passado para que possam ser completamente reprocessadas no presente. Traumas antigos perdem suas conexões no cérebro e no corpo, bem como seu poder de se expressar por meio de medos e bloqueios. Como resultado, as ansiedades dos atletas dissipam-se e eles sentem-se livres o suficiente para atuar "como eles mesmos".

Foi assim que meu trabalho com Mackey transcorreu durante nossa maratona inicial cara-a-cara. Começamos tomando como alvo duas experiências traumáticas do início de sua vida: assistir ao seu irmão ser atropelado por um carro e cair de uma árvore em cima de um tambor enferrujado. Nosso objetivo é que o atleta processe as coisas até que não haja qualquer reação quando o incidente é trazido à consciência.

Depois de fazer Brainspotting com os dois primeiros traumas até processá-los completamente, focamos a tristeza de Mackey na infância em relação à artrite reumatóide que debilitava seu pai. Sasser trouxe a imagem, ainda vívida, da incapacidade de seu pai jogar uma bola para ele, elevando o braço acima do ombro. Seu primeiro pensamento veio como um relâmpago: "Estou falando sobre meu pai não conseguir jogar, e cá estou eu tendo esses mesmos problemas." Quando esse trauma estava curado, começamos a abordar sistematicamente a longa lista de traumas esportivos de Mackey. Ficamos ambos surpresos em ver como a cura avançava rapidamente, como se fossem dominós caindo. O processamento de Mackey ia e vinha no tempo, à medida que emoções e sensações físicas antigas reemergiram de forma aleatória. Uma lembrança profunda foi do Seattle, logo antes de ele abandonar o beisebol de vez, quando não conseguia soltar a boa sem hesitar três ou quatro vezes em *todos* os arremessos. Sasser vivenciou novamente sua humilhação e o desprezo em relação a si mesmo. Lembrou de ter pensado, *Por favor, não me coloque lá (como receptor). Eu não quero o fracasso e o constrangimento.*

Depois de ter processado tudo isso, Mackey viu "imagens passando" de ter sido atingido quando se preparava para fazer um passe, incontáveis colisões no home plate, sendo derrubado e surpreendido por corredores, sendo atingido por inúmeros foul tips em várias partes do corpo e as muitas cirurgias ao longo de sua vida. Quando processamos completamente cada uma dessas experiências, Mackey começou a entender profundamente como todos esses eventos tinham culminado em seu yips de arremesso.

Quando foi necessário um trabalho ainda mais focado, estimulei Mackey a ativar traumas específicos por meio da execução dos movimentos em câmera muito lenta. Toda vez que Sasser relatava um aumento da ativação, pedia para que ele parasse e mantivesse aquela posição. Essa técnica ajuda a trazer à tona qualquer sensação física ou emoção residuais. Para a liberação completa, também "inventei" uma nova aplicação dessa técnica para Mackey. Orientei-o a lembrar da lesão que sofreu em Calgary em 1987 (quando ele foi atingido pelo foul tip na beirada de seu protetor peitoral) que desencadeou seu yips de arremesso. Segurando uma bola de beisebol a três metros de Sasser, movi-a em velocidade extremamente lenta em direção ao local do impacto. À medida que eu movia a bola progressivamente mais perto de ombro, sua ativação aumentou subitamente. Segurei a bola nesse lugar (por exemplo, a 1,5 metros de distância) até que todo o estresse tivesse se dispersado. Então a movi para mais perto até o próximo pico (por exemplo, a um metro de distância). Fiquei espantado com a quantidade de trauma ainda restante depois de todo o trabalho focado que já havíamos feito. Continuamos com esse procedimento até que Mackey conseguiu observar confortavelmente a bola mover-se cada vez mais perto.

Finalmente pude tocar o ponto de impacto com a bola *sem que ele apresentasse qualquer ativação.*

Também utilizamos micromovimentos para localizar e liberar traumas que não emergiram durante o processo de anamnese. Por exemplo, com um bloqueio de arremesso como o de Mackey, pedimos para o atleta encenar todo o movimento de forma extremamente lenta. Enquanto faz isso, procuramos liberações minúsculas de tensão física ou emocional (espasmos, pulos ou tremores) que perturbam a execução fluida do movimento. Também pedimos ao atleta para indicar qualquer posição que ative o estresse. Então o orientamos a manter a postura e a observar o que surge. Essas minúsculas perturbações revelam onde traumas ocultos foram guardados. Portanto, nossa técnica de micromovimentos localiza e libera a pessoa dos traumas.

Quando terminamos essa sessão inicial mais longa, Mackey relatou sentir-se tanto exausto quanto relaxado. Apesar de não ter tido a chance de realizar muitos arremessos imediatamente depois, relatou sentir-se significativamente mais calmo em seu dia-a-dia. Ao longo dos próximos oito meses, tive duas sessões de seguimento de 30 minutos pelo telefone com ele. Relatou sentir-se muito mais relaxado e confortável consigo mesmo. *Essa sensação de facilidade também se traduziu em melhora na capacidade de arremessar durante os treinos de rebatida. Ele não sentia mais qualquer ansiedade ou tensão quando arremessava e conseguia soltar a bola fluida e precisamente.*

Nove meses depois de nosso encontro inicial com Sasser, viajamos até Dothan, Alabama, para nos encontrarmos pessoalmente com ele novamente. *No dia anterior tinha arremessado durante o treino de rebatida por uma hora sem hesitação nem ansiedade. O yips de arremesso de Mackey tinha sumido completamente.* Como ele colocou, "Tudo tem sido positivo desde que nos encontramos pela primeira vez. Descobri muitas coisas a meu respeito e usei isso a meu favor. Sinto-me mais calmo e relaxado. O treino de rebatida tem sido bom. Estou arremessando a bola bem e não tenho tido qualquer problema. Posso pegar uma bola e arremessá-la imediatamente. Antes eu costumava ter medo quando tinha uma multidão assistindo. Não tenho mais esse medo. *Cheguei ao ponto que realmente não penso sobre arremessar. Simplesmente é uma sensação boa e posso colocar a bola onde eu quiser."*

No Capítulo 2 vamos detalhar como lesões e traumas se acumulam inconscientemente no cérebro, no corpo do atleta e como emergem mais tarde sob a forma de PRPEs. Ao contrário de experiências normais que são naturalmente processadas completamente e armazenadas nos recônditos profundos do cérebro, traumas físicos e emocionais permanecem não processados. São esses restos congelados que, se não tratados, provocam a ansiedade, tensão corporal e concentração interrompida no atleta, tão característicos de PRPEs.

David Grand e Alan Goldberg

Capítulo 2 - O Corpo Registra O Placar: Lesões no esporte e as raízes dos problemas repetidos de performance no esporte

Colin Burns era um goleiro habilidoso da Primeira Divisão que foi encaminhado a mim (AG) em seu terceiro ano do ensino médio porque a ansiedade excessiva antes de jogos minava sua confiança. Antes de jogos, preocupava-se com medo de cometer erros, o que o deixava sentindo-se péssimo. Durante os jogos, ruminava sobre tudo o que poderia dar errado no gol, deixando-o incapacitado pela ansiedade. Torcia para que a bola não se aventurasse para seu lado do campo, uma mentalidade que claramente não conduzia à expansão da performance. Quando enfrentava um ataque do oponente era hesitante, indeciso e ineficaz. Seu desempenho ruim não refletia suas habilidades de alto nível, sua extensa experiência e treinamento. Devido à inconsistência de seu desempenho no gol, Colin sofreu ainda mais humilhação, perdendo a posição de titular para um *calouro* menos talentoso.

O mais intrigante eram as queixas de Colin de extremo desconforto ao lidar com bolas que vinham **diretamente** em sua direção, especialmente na direção de seu rosto, já que não tinha qualquer problema em mergulhar para a esquerda ou para a direita para pegar a bola. Nem bolas bem acima dele, ou bem baixas, na altura dos pés, causavam problemas. Mas sempre que uma bola vinha na direção de sua cabeça entrava em pânico, congelava e jogava mal. Colin sonhava em jogar futebol em nível mais elevado, mas seu nervosismo, o jogo ruim e o rebaixamento minavam suas esperanças de alcançar esse objetivo. Apesar de perder a confiança de seus técnicos e dos colegas de time, ele de alguma forma recusou-se a desistir de si mesmo. De vez em quando, recuperava-se e jogava sem medo e de forma brilhante. Mantinha a crença de que de alguma forma poderia superar o medo e viver plenamente seu potencial.

Os casos de Colin e de Mackey, junto com os de outras histórias, ilustram a mudança revolucionária de paradigma apresentada neste livro: *As raízes de todos os problemas significativos de performance estão na história de trauma do atleta, especialmente em lesões esportivas que são, simultaneamente, traumas físicos e emocionais.* Frequentemente esses traumas físicos, muitas vezes relacionados ao esporte, ocorreram na infância e na adolescência e inconscientemente se acumulam ao longo do tempo. Ocasionalmente essas lesões podem estar diretamente relacionadas ao problema de performance, tendo ocorrido alguns meses há alguns anos antes da emergência deste problema. Normalmente essa conexão não é percebida, pois as experiências negativas podem ter ocorrido anos antes do surgimento do problema de performance.

Quando nos referimos à palavra *trauma*, não estamos usando a definição estreita que se refere a eventos de ameaça à vida, como ataques violentos, abuso na infância, acidentes de carro graves, guerra ou desastres naturais. Às vezes, esses eventos realmente subjazem e contribuem para os problemas de performance do atleta. O termo *trauma esportivo*, ou as experiências negativas às quais nos referimos, podem ser tão inócuas quanto um quase acidente para o atleta, sem a ocorrência de lesão física. Esses eventos podem também ser torções, concussões, rompimentos de ligamentos, fraturas, hematomas graves, cortes, colisões ou até mesmo testemunho da lesão de outro atleta. Temos observado repetidamente que a natureza traumática de qualquer experiência é *determinada pelo significado atribuído a ela pelo indivíduo.*

Frequentemente essas experiências negativas têm carga emocional forte, o que aumenta os desafios para o atleta. Ocasionalmente envolvem exposição à vergonha e à humilhação. *O acúmulo inconsciente desses traumas físicos e psicológicos no cérebro e no corpo do atleta são a principal causa de todos os problemas significativos de performance.* A ansiedade, a perda de confiança, a hesitação e a tensão corporal vivenciados conscientemente pelo atleta são simplesmente *sintomas* dessas experiências negativas, perturbadoras, acumuladas inconscientemente.

Como o que acontece com a maioria dos goleiros, o histórico de traumas de Colin era extenso, incluindo inúmeros eventos negativos, física e emocionalmente traumáticos. Por exemplo: quando o calouro esquálido de ensino médio, de 1,70m de altura e 66kg presenciou o goleiro oficial, um veterano de

1,90m e 97kg, ser chutado na cabeça e cair inconsciente. A lesão na cabeça foi tão grave que o goleiro acabou na UTI por uma semana e ficou fora do campo por metade da temporada. Visitando seu colega de equipe no hospital, Colin ficou abalado ao ver a extensão da lesão desse veterano grande e forte.

Uma semana depois, Colin começou seu primeiro jogo, aterrorizado ao pensar que o mesmo destino o esperava. Na primeira jogada em que saiu do gol, Colin levou uma cotovelada na cabeça e sofreu uma concussão. A primeira de muitas em sua carreira.

Quando era aluno do segundo ano, Colin fraturou vários ossos da mão direita, após receber um chute enquanto tentava parar uma bola. Quando era aluno do terceiro ano, quebrou vários dedos do pé em outra colisão. No verão anterior ao começo da faculdade, Colin sofreu a lesão mais grave de sua carreira. Saiu do gol e mergulhou para pegar uma bola, ao mesmo tempo em que um jogador tentou chutá-la para dentro do gol. Colin levou uma joelhada no rosto, que quebrou seu nariz e o osso orbital direito. Precisou submeter-se a uma cirurgia de reconstrução facial e o médico lhe disse que quase havia sofrido lesão cerebral permanente.

Ao longo de todo o início de sua carreira no futebol, Colin sofreu abuso emocional significativo de alguns técnicos, minando sua autoconfiança. Foi bode expiatório de seu técnico no ensino médio. Colin o descrevia como um homem raivoso e abusivo, que gritava em tiradas agressivas para "ensinar" seus jogadores como jogar. O técnico tinha alguns jogadores "escolhidos" e Colin era um de seus alvos prediletos para ser humilhado na frente de seus colegas de time e dos fãs. Colin era acusado por cada gol que sofria, mesmo se a defesa tivesse falhado e ele não tivesse qualquer chance de defender a bola. Em seu segundo ano no ensino médio, o técnico de Colin o repreendeu publicamente após perder um jogo difícil, chamando Colin de "o pior goleiro do estado!" A exposição emocional a tipo de abuso repetido por parte do técnico compreensivelmente deixou Colin com medo de cometer erros.

Além das lesões no futebol, Colin sofreu uma lesão anterior que contribuiu para suas dificuldades de performance.

Quando Colin estava apostando uma corrida de bicicleta aos sete anos de idade, a roda da frente da bicicleta travou inesperadamente e ele voou por cima do guidom, caindo de cara no cimento. Essa memória estava tão vívida que 14 anos depois ele ainda lembrava do gosto do cimento e da dor em seus dentes.
Como esses tipos de lesões físicas e emocionais formam os fundamentos de um problema de performance atual? O que liga essas experiências à ansiedade, à tensão muscular, à baixa autoconfiança e à hesitação atuais quando ele atua?

Quando um atleta sofre uma lesão física, uma combinação de aspectos físicos e emocionais conectam-se a essa experiência negativa. Os componentes físicos são geralmente mais óbvios do que os emocionais e incluem dor de torções, hematomas, distensões musculares, rompimento de tendões e ligamentos, deslocamento ou fratura de ossos, concussões e os efeitos físicos de doenças graves ou de longa duração, como: síndrome da fadiga crônica, mononucleose, ou outras doenças infecciosas. Também é comum que atletas sofram traumas físicos e emocionais adicionais advindos do tratamento dessas lesões e doenças, como a dor e o desconforto emocional que acompanham cirurgias, suturas, ter fraturas reduzidas, tomar medicamentos com efeitos colaterais inesperados, aguentar reabilitação dolorosa e complicações inesperadas durante o processo de cura.

O componente emocional do trauma físico pode incluir ter vergonha da lesão, pânico, impotência, raiva, depressão e um sentimento intenso de perda. Isso inclui a frustração extrema em relação ao fato de que a lesão manterá o atleta longe dos treinos e das competições por um período extenso e inclui o trauma *imediatamente* após uma lesão, antes da intervenção médica, quando o atleta não tem certeza quanto à extensão e quanto às consequências do dano físico. Antes de os técnicos, preparadores, ou médicos chegarem até o atleta, ele fica com a dor imediata, aparência física da lesão, lembrando-se do que acabou de acontecer. Imagina o quanto a situação é mais ou menos grave. Lembre-se: *a natureza traumática de um evento é sempre determinada pelo significado que o indivíduo atribui a ele.*

Durante o tempo antes da intervenção médica, que pode variar de alguns momentos a alguns dias, a imaginação assustada do atleta causa ainda mais danos emocionais sobre ele, o que pode alimentar ainda mais futuras dificuldades de performance. Por exemplo, uma esquiadora que sofre uma queda grave e não pode mover-se temporariamente pode começar a *pensar* que está paralisada pelo resto da vida, enquanto aguarda a chegada de ajuda. Quando essa ideia se mostra falsa alguns minutos depois, o impacto emocional e físico sobre sua mente e corpo não são completamente apagados.

A natureza e a extensão do trauma para o atleta também são afetados pela atitude e a resposta tanto dos técnicos, quanto dos pais à lesão. Não é incomum um atleta sofrer uma lesão grave que não seja imediatamente visível. Se a lesão ocorre durante o treino, o técnico pode ignorar ou minimizar as queixas do atleta. Muitos técnicos são orientados pela noção machista de que se você não estiver sangrando, ou se não tiver um osso atravessando a pele, não há nada de errado. Não é incomum que esse tipo de técnico responda ao atleta machucado de forma humilhante, desafiando o atleta a "deixar pra lá", "jogar apesar da dor", ou "parar de comportar-se como um bebê".

Apesar de se poder esperar uma resposta tão insensível em esportes "de macho" como futebol, basquete, beisebol ou hóquei, a mesma atitude de técnicos prevalece na ginástica, onde atletas jovens do sexo feminino podem vivenciar várias quedas como parte rotineira do treino *diário*. Alguns técnicos de ginastas tendem a duvidar da veracidade das queixas das ginastas e frequentemente as forçam a continuar treinando o movimento que acabou de provocar a queda. Coagir uma atleta a continuar a atuar mesmo machucada e com medo, coloca-a em risco ainda maior de lesões e a traumatiza ainda mais emocionalmente. A confiança é uma questão crítica para o atleta que depende muito de seu técnico para a segurança.

Às vezes os pais do atleta, envolvidos demais no sucesso de seu filho no esporte, deixam de dar atenção adequada às queixas físicas da criança. Consequentemente podem direta ou indiretamente pressionar o filho a continuar a atuar, principalmente se houver uma competição importante se aproximando, e para a qual os pais estão muito investidos. Mais até do que o técnico, a função dos pais é cuidar para que seu filho esteja seguro tanto física quanto emocionalmente. Quando os pais se esquecem desse importante papel e forçam o filho a continuar a atuar, apesar das queixas de lesão da criança, estão traumatizando-o ainda mais. *Esse tipo de falha empática subjaz muitos dos problemas de performance incuráveis que às vezes emergem mais tarde, na vida adulta.*

Diagrama/Tabela 1
FONTES FÍSICAS E EMOCIONAIS DE TRAUMA

FONTES FÍSICAS DE TRAUMA	FONTES EMOCIONAIS DO TRAUMA
Lesões	Presenciar uma lesão grave
Torções	Medo e pânico associados a uma lesão
Hematomas	Medo/pânico de se machucar novamente
Distensões musculares ou de ligamentos	Constrangimento/humilhação
Rompimento de músculos, ligamentos ou tendões	Sentimento de impotência
Fraturas ou luxações	Sentimentos intensos de perda
Concussões	Depressão
Doenças debilitantes prolongadas	Perda da autoestima e da confiança
Reações asmáticas severas	Confusão quanto à autoimagem e identidade devido à perda do esporte
Tratamento	Frustração por não poder treinar
Cirurgia	Medo estimulado pela imaginação sobre o que está errado antes de um diagnóstico médico preciso
Suturas	Vergonha/humilhação diante da reação de pares/fãs
Complicações cirúrgicas inesperadas resultando em mais intervenções médicas	Vergonha/humilhação diante da reação do técnico à lesão do atleta
Redução de fraturas	
Efeitos colaterais e/ou reações alérgicas a medicações	Falta de empatia por parte dos pais – quando os pais minimizam ou ignoram a gravidade de uma lesão
Reabilitação dolorosa	Abuso emocional por parte dos pais – quando os pais retiram o amor após um fracasso ou problema de performance
Complicações inesperadas do processo de cura	
Imobilização por muito tempo	

As fontes físicas e emocionais de trauma

Essas lesões físicas e emocionais acabam constituindo a fundação do problema repetido de performance do atleta. O trauma físico gera um choque à integridade corporal do atleta, bem como a seu senso de invencibilidade. Para muitos atletas, a lesão pode ser a primeira experiência na qual seus corpos os decepcionam. Os atletas orgulham-se de seu físico, da independência, e de habilidades excepcionais. Uma lesão temporariamente vira o mundo deles de cabeça para baixo, destruindo sua autoestima e perturbando o equilíbrio físico e emocional necessários para se lidar e funcionar em alto nível.

Para compreender como isso funciona, podemos olhar de que modo o cérebro processa as experiências da vida e armazena memórias. O cérebro, como o órgão corpo-mente mais evoluído, tem uma tendência inata à cura e à recuperação, assim como o corpo. Por exemplo, quando o corpo sofre uma ferida, ele imediatamente se mobiliza para tentar curá-la, aumentando o fluxo sanguíneo ao local para limpar a infecção e para iniciar a coagulação.

De forma semelhante, o cérebro tenta sempre encontrar um estado de equilíbrio psicológico. Ao longo do curso de nossas vidas, somos expostos a uma variedade de experiências de vida, algumas positivas, algumas neutras e algumas negativas. Por meio de um processo natural de assimilação, o cérebro processa essas experiências de forma adaptativa, de modo que sejam integradas construtivamente. Aquilo da experiência que for útil é aprendido e armazenado no cérebro com a emoção adequada e está disponível para uso futuro. Quando uma experiência é assimilada com sucesso, ou "digerida", é armazenada no cérebro com pouca emoção intensa ou sensação física ligada a ela. Quando nos lembramos de tal incidente, não reexperimentamos a emoção ou sensação antigas. Dessa forma somos *informados por* nossas experiências e memórias do passado, mas não *controlados* por elas. No esporte, as performances esportivas atuais não são sobrecarregadas por nossa bagagem emocional ou física do passado, apenas pela experiência aprendida.

Em contrapartida, *o trauma, ou qualquer experiência carregada negativamente, não é adequadamente assimilada ou processada. Em vez disso, o incidente perturbador permanece preso no sistema em pedaços quebrados*. O corpo memoriza instantaneamente a experiência física do trauma com riqueza de detalhes, incluindo as sensações corporais do impacto e da dor, junto com imagens, sons, cheiros e gostos associados. As emoções atreladas e onde foram sentidas no corpo também são congeladas. O cérebro fica sobrecarregado e, em vez de ser "digerida", toda a informação atrelada à lesão, incluindo os pensamentos negativos, é armazenada *no cérebro exatamente da mesma forma como foi vivida inicialmente*.

Dias, semanas, meses ou até anos depois, quando o atleta está em uma situação que lembra o trauma original, ou vivencia estresse prolongado, a experiência perturbadora pode ser inconscientemente ativada, interferindo com a performance no momento. Esses componentes representam todos os detalhes sensoriais do evento anterior que foram congelados no cérebro e no corpo, em seu estado perturbador original: as imagens, a luminosidade, as emoções, os movimentos físicos, os sons ou os cheiros. Esses detalhes sensoriais únicos, que retornam à consciência mais tarde, causam os sintomas que perturbam a performance, o que é muito comum nos PRPEs.

Colin, por exemplo, sempre reclamava que seu medo, ansiedade e falta de confiança eram muito mais problemáticos quando o tempo estava nublado e chuvoso. Afirmava que havia algo com os relâmpagos e com o chão escorregadio em jogos nessas situações que ele achava inquietante. Examinando a situação mais de perto, descobrimos que essas mesmas condições nubladas e chuvosas tinham estado presentes em dois dos traumas mais significativos de Colin. Seu cérebro e seu corpo tinham refinadamente memorizado todos os detalhes dos dois, incluindo o clima, a temperatura, relâmpagos e as condições do chão. Toda vez que esses detalhes eram replicados no presente, Colin reexperimentava a mesma intensidade de ansiedade originalmente associada a esses eventos assustadores. As memórias congeladas de Colin tensionavam os músculos, minavam sua confiança, distraíam seu foco e sua concentração, tornando impossível para ele ter um desempenho à altura de seu potencial.

O atleta geralmente não tem qualquer consciência do porquê vivencia esses sentimentos confusos e debilitantes. Só tem consciência de que está com medo e de que não consegue relaxar e jogar como sempre joga. Em sua vivência presente, pode saber que **não há razão lógica** para sentir-se nervoso e cheio de dúvidas. O problema é que suas reações físicas e emocionais, **sendo sintomas de trauma subjacente**, estão completamente fora de seu controle consciente.

Isso tanto é extremamente confuso quanto frustrante para o atleta e para aqueles ao redor dele. O fato de que um dia atua sem esforço e de que no dia seguinte está completamente preso, desconcerta técnicos e pais. Eles podem, no princípio, tentar estimular o atleta a "simplesmente enfrentar o medo e a jogar". Mais tarde podem recorrer, por pura frustração, a táticas de bullying ou de abuso emocional na tentativa de ajudarem a desbloqueá-lo. Há técnicos e pais demais que não se dão conta desse fato tão importante. *Um atleta preso em PRPEs não tem qualquer controle consciente sobre seus problemas de performance e frequentemente está muito mais frustrado do que os adultos à volta.*

Diagrama/Tabela 2
COMO O CÉREBRO PROCESSA E ARMAZENA EXPERIÊNCIAS "NORMAIS" x TRAUMÁTICAS

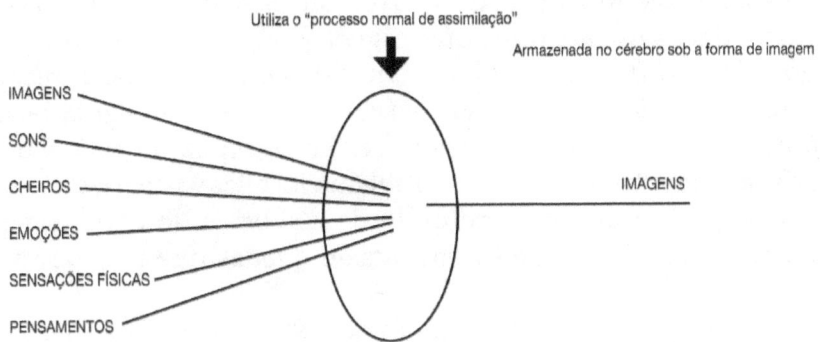

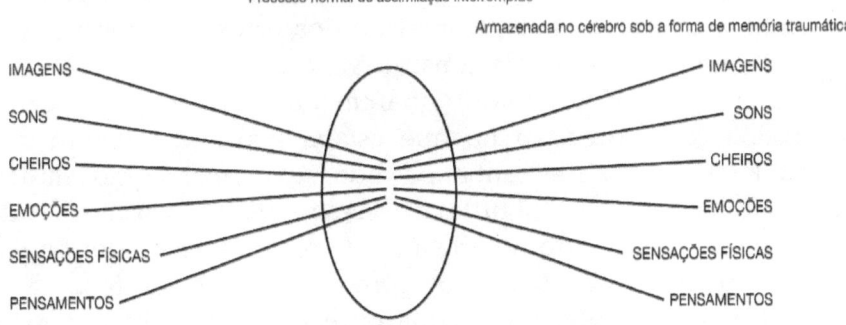

O cérebro armazenando experiências "normais" x traumáticas

É exatamente por causa das raízes inconscientes desses PRPEs que as intervenções mais conscientes da Psicologia do Esporte tradicionais acabam por ser ineficazes. Essas estratégias superficiais, como treino de concentração, parada de pensamento, visualização, pensamento positivo e relaxamento não resolvem a fonte subjacente da perturbação do atleta, que é o cerne do problema. Em vez disso, essas intervenções abordam *sintomas* conscientes da base traumática: a ansiedade, as dúvidas em relação a si mesmo, as dificuldades de concentração. Frequentemente no entanto, o atleta em dificuldade não consegue articular com clareza o que o perturba. Por exemplo, uma ginasta que tinha medo de fazer uma pirueta para trás ficou de pé, no final da trave de equilíbrio, com os braços elevados, pronta para saltar, mas não conseguia executar o movimento. A respiração tornou-se rápida e superficial e ela entrou em um transe como um cervo diante de um farol de carro, com seu corpo congelado. Afirmou que não sabia em que estava pensando e não tinha a menor ideia sobre o que tinha acontecido com sua concentração. Tudo o que sabia é que estava "surtando" e não conseguia fazer com que seu corpo se movimentasse. Era incapaz de articular o que de fato acontecia, porque o problema localizava-se fora de sua consciência, em um lugar profundo do cérebro e do corpo, onde estavam armazenadas lesões passadas e quedas que provocaram medo.

No passado, eu (AG) sempre ficava perplexo com esse tipo de resposta vaga de um atleta. Sempre presumi, como a maioria dos psicólogos do esporte, que o diálogo interno negativo e a concentração ruim estivessem gerando o medo e a ansiedade. Acreditava que se o diálogo interno e os erros de concentração fossem corrigidos de forma construtiva, o problema se resolveria de forma efetiva. No entanto, quando um atleta não conseguia determinar com precisão no que estava pensando ou em que estava focando, eu me sentia perdido sem saber como ajudar. Frequentemente eu abordava essas duas variáveis da performance, ensinando ao atleta como reconhecer e lidar com o diálogo interno negativo ou como controlar o foco e a concentração, com pouco ou nenhum resultado positivo. O atleta continuava inundado de dúvidas sobre si mesmo e nervosismo excessivo e era incapaz de utilizar qualquer uma das estratégias que eu tinha lhe ensinado.

Descobri mais tarde que *entender qualquer problema de um atleta usando apenas o paradigma mais tradicional da Psicologia do Esporte é equivocar-se completamente em relação ao que realmente acontece*. Descobri que o diálogo interno negativo, o nervosismo excessivo e o foco falho do atleta não causam diretamente os problemas de performance, como acreditam os psicólogos do esporte. Em vez disso, são na verdade sintomas que podem contribuir ainda mais para o problema e até exacerbá-lo.

Vamos explicar isso melhor.

Um atleta que repentinamente e de forma aparentemente inexplicável não consegue mais funcionar em nível elevado como o fazia anteriormente e que luta para fazer o que costumava ser rotina, terá uma reação consciente previsível. Dependendo do indivíduo, sua reação pode não ser exatamente nessa ordem, mas quase sempre contém certos elementos. São esses elementos e o ciclo negativo de perturbação da performance que produzem, que *exacerbam ainda mais* as dificuldades de performance.

Aos primeiros sinais do problema, o atleta pode reagir com choque, consternação e vergonha. Fica confuso sobre porque, repentina e inexplicavelmente, não consegue acertar a bola, executar um mergulho ou finalizar uma manobra, executar uma tacada curta ou arremessar a bola com precisão. Ser repentinamente incapaz de fazer algo que costumava ser automático traz humilhação para o atleta experiente. Ele responde a esse choque e confusão iniciais tentando "resolver" o problema. Começa a controlar sua energia, direcionando-a para o que antes era sua estratégia universal para o sucesso – "esforçar-se cada vez mais".

A maioria dos atletas qualificados atingiram um elevado nível de excelência devido à sua extraordinária ética de trabalho e à autodisciplina. No passado, sempre puderam confiar nessas duas características para resolver todos os problemas de performance. Usando essa mesma estratégia focada de "esforçar-se cada vez mais", o atleta começa a praticar mais horas por dia, com mais intensidade. Um rebatedor em uma fase ruim pode praticar mais até criar calos nas mãos. Um golfista com yips no momento do putt[7] pode passar horas adicionais no green[8] todas as manhãs, na tentativa de recuperar sua tacada. O receptor, que tem dificuldade em arremessar a bola de volta ao arremessador com precisão, pode praticar de 100 a 200 arremessos extras por dia, além do treino organizado, na tentativa de resolver as coisas. Como consequência de todo esse trabalho adicional, o atleta torna-se ainda mais preocupado com o problema. Logo percebe essa preocupação se alastrando por sua vida fora do esporte.

Infelizmente a tentativa do atleta de resolver o problema "esforçando-se cada vez mais" fracassa completamente porque *o problema não é físico. Um atleta jamais conseguirá superar um PRPE praticando mais fisicamente.* Essa abordagem de "esforçar-se cada vez mais" sempre está destinada ao fracasso e só aumenta a frustração crescente do atleta. O atleta frequentemente procura um técnico ou treinador para trabalhar e "corrigir" sua técnica. Assim como o esforçar-se mais, essa abordagem também piora as coisas. Primeiro, leva o atleta a pensar demais na mecânica de sua técnica, que deve ser inconsciente, espontânea. A performance atlética de pico sempre é controlada por nosso cérebro posterior, que não pensa, que processa informação de forma inconsciente. *Quanto mais consciente e analítico o atleta se tornar em relação à sua performance, mais dificuldade terá.* Em segundo lugar, modificar a técnica básica, ou a forma de realizar a ação nessas situações é um erro e geralmente mina ainda mais a autoconfiança já abalada do atleta.

Como os melhores esforços do atleta para resolver o problema acabam por fracassar continuamente, ele se torna frustrado e com raiva de si mesmo. Essa impaciência e raiva autodirigida acrescenta mais combustível ao fogo, tensionando os músculos ainda mais e piorando o problema. A frustração crescente leva o atleta a esforçar-se ainda mais, o que resulta em mais fracasso. *Esse ciclo repetitivo de esforçar-se cada vez mais, de falhar e se esforçar ainda mais, faz com que a performance do*

---

[7] Tacada suave, perto do buraco.

[8] Área onde fica o buraco, onde a grama é fina, compacta e aparada rente ao solo. Aqui são realizadas tacadas de curto alcance.

atleta piore cada vez mais rapidamente. Como o problema continua inabalado e todas as tentativas de saná-lo acabam em fracassos repetidos, a autoconfiança do atleta é abalada em sua essência. Como resultado, para de confiar em si mesmo e começa seriamente a questionar suas habilidades.

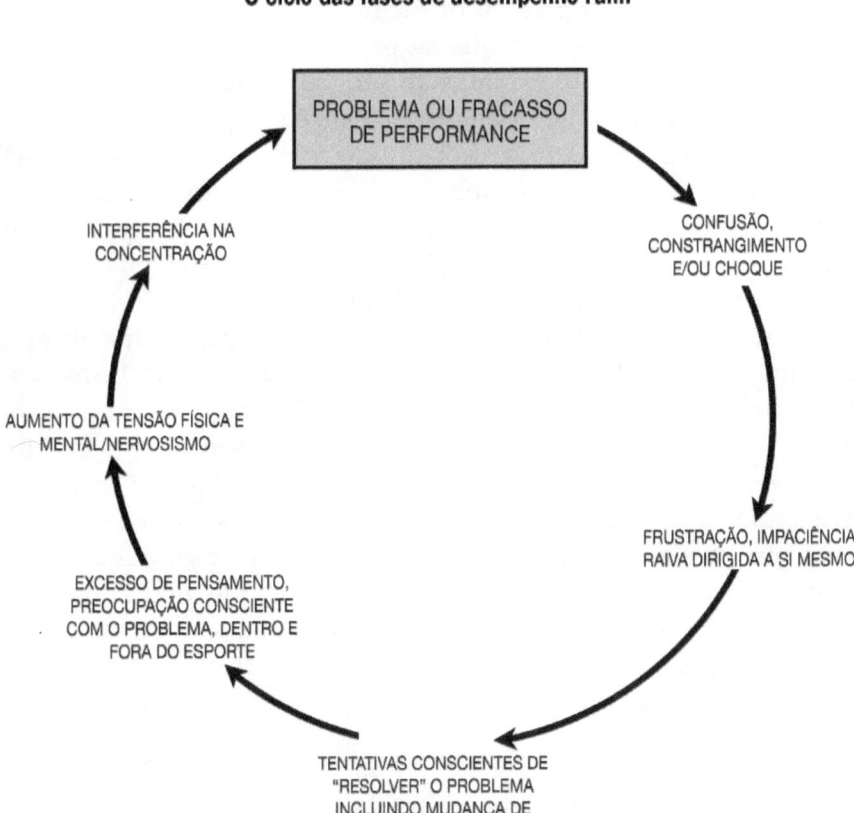

O ciclo das fases de desempenho ruim

Quando o atleta aproxima-se do treino e da performance, o pavor e a evitação tomam lugar da alegria e do entusiasmo. Ele está assoberbado pela preocupação de que "aquilo" possa acontecer de novo. O diálogo interno que resulta disso é primariamente negativo e alimenta as dúvidas de que ele consiga algum dia consertar as coisas. Como resultado, seu nível interno de estresse é elevado, tensionando músculos e tornando uma execução fluente, relaxada impossível. Como consequência, suas performances continuarão a ser afetadas, minando ainda mais sua autoconfiança, elevando sua ansiedade e fazendo com que seus problemas repetidos continuem. O atleta encontra-se preso a um círculo vicioso que ele mantém sem saber.

Bobby um receptor da Primeira Divisão que não conseguia jogar a bola de volta ao arremessador sem que ela batesse no chão antes de chegar lá, ou passasse direto por cima da cabeça dele, ilustra como um problema de performance com base no trauma é exacerbado pela resposta consciente do atleta aos sintomas do(s) trauma(s). Toda vez que Bobby tentava fazer um arremesso de rotina, sem pressão, de volta ao arremessador, seu polegar direito inexplicavelmente se contraía, tornando impossível executar arremessos com precisão. Os yips de arremesso de Bobby tiveram início em seu segundo ano do ensino médio, na penúltima entrada (inning) de um jogo eliminatório crucial, em que ele tinha tido desempenho impecável. Na sexta entrada "algo aconteceu no andar de cima" e de repente ele teve uma sensação estranha, ansiosa em seu corpo, em especial no braço que usava para arremessar e no polegar. Depois de três arremessos curtos demais e um que passou muito acima da cabeça do arremessador, Bobby sentiu sua ansiedade tornar-se tão intensa, que não conseguiu terminar o jogo. Não demorou muito para que seu problema e a ansiedade que o acompanhavam se disseminassem para qualquer tipo de arremesso, independentemente de ser ou não durante um jogo.

Bobby não sabia como explicar porque repentinamente não conseguia fazer arremessos simples de volta ao arremessador. Não tinha sofrido qualquer lesão durante o jogo, nem vivenciado quaisquer incidentes óbvios que pudessem ter dado início a isso, a não ser a pressão intensa do jogo eliminatório. Em sua história esportiva, no entanto, Bobby tinha sofrido inúmeras lesões relacionadas ao esporte, incluindo várias concussões resultantes de colisões no home plate, dedos fraturados na mão que usava para arremessar, um corte profundo no joelho que demandou 250 pontos, costelas fraturadas ao ser atingido por uma bola de futebol, além de muitas experiências emocionalmente perturbadoras com técnicos que o humilhavam. Essas lesões e experiências negativas silenciosamente constituíram a fundação de seu yips de arremesso.

Bobby sentiu-se humilhado por sua inabilidade súbita de executar esses arremessos de rotina e, como esperado, ficou preocupado com o que os outros pensariam dele. Queria jogar beisebol na universidade, mas ficou cada vez mais preocupado que seu problema de arremesso arruinaria suas chances de uma bolsa. Quando entrava em campo ficava hipervigilante em relação às sensações no braço e no polegar que usava para arremessar. Ao detectar a mínima sensação de tensão muscular nesses locais, entrava imediatamente em pânico. Bobby começou a temer ter que jogar como receptor e considerou seriamente mudar de posição para jardineiro externo. Logo seus problemas começaram a afetar suas rebatidas todas as vezes que ficava atrás do home plate, fazendo com que sua média fosse por água abaixo.

Técnicas de Psicologia do Esporte direcionadas somente a seus sintomas foram ineficazes para ajudar Bobby a acalmar-se e a arremessar com precisão. Apesar de aprender várias estratégias de concentração e de relaxamento, não conseguia utilizá-las efetivamente para relaxar e focar. Independentemente do que tentasse, não conseguia controlar a enxurrada de diálogos internos negativos nem o aumento da ansiedade, sempre que estava atrás do home plate. *Sabia* em que deveria pensar e em que deveria focar, mas não conseguia fazer nenhuma das duas coisas.

Como resultado, Bobby ficou paralisado com medo de que toda vez que tentasse arremessar, *"AQUILO" acontecesse novamente*. Esse tipo de ansiedade antecipatória exacerbou ainda mais seu yips.

É importante entender que aquilo com que Bobby estava *realmente* lutando nada mais eram do que os *sintomas conscientes de trauma(s) subjacente(s)*. Os sintomas não *causavam* a dificuldade de arremesso; *as verdadeiras culpadas eram as lesões antigas que eram mantidas fora de sua consciência, em seu cérebro e em seu corpo*. Sob pressão, os componentes dessas lesões passadas (ansiedade, tensão muscular, pensamentos negativos e dúvida em relação a si mesmo) eram inconscientemente ativados. Esses componentes físicos e emocionais então se intrometiam na performance atual de Bobby, causando seu problema específico de arremesso. Só depois que essas lesões foram abordadas e processadas (ver Capítulo 9) é que ele pode finalmente relaxar o suficiente para jogar novamente como ele costumava ser.

    A situação para qualquer atleta lutando contra PRPEs é complicada por experiências negativas adicionais. Alguns desses eventos podem ser resquícios do trauma original - por exemplo, sofrer uma segunda ou terceira concussão, quebrar o mesmo punho duas vezes, ou ser submetido à humilhação por outro técnico. Em outras situações, essas experiências negativas podem ser muito diversas e envolver lesões em outras partes do corpo. Quando um atleta vivencia eventos perturbadores adicionais, cada um deles é inconscientemente armazenado no cérebro e no corpo em redes de memória relacionadas. Uma rede de memória é uma série de canais nos quais memórias, pensamentos, imagens, emoções e sensações correlacionados são armazenados de modo interligado.

    A qualquer momento, um ou mais desses canais de memórias armazenadas inconscientemente podem ser ativados e inundar a experiência consciente do atleta com imagens, emoções, sensações e pensamentos negativos do passado. O atleta pode não ter ideia de que uma ou mais experiências negativas podem ativá-lo. Por isso é extremamente importante que ***todas as experiências negativas ou traumas relevantes*** sejam completamente processados, de modo que o atleta seja capaz de atuar no presente sem ser afetado pela bagagem do passado.

    Esse efeito do trauma múltiplo é claramente ilustrado no problema que Colin apresentava, de ficar visivelmente ansioso sempre que a bola vinha diretamente na direção de seu rosto. Toda vez que Colin ia para o gol, retornavam à mente consciente e inconsciente vários acidentes. Bolas que vinham em direção a seu rosto eram não só um gatilho forte para lembrar das vezes que tinha sido chutado na cabeça ou presenciado outros goleiros machucados dessa forma, mas também ativavam sua experiência muito anterior de ter batido com o rosto no chão durante o acidente de bicicleta. Grande parte da ansiedade e do temor que Colin vivenciava sempre que jogava no presente, na realidade, pertencia a essas memórias do passado, armazenadas inconscientemente.

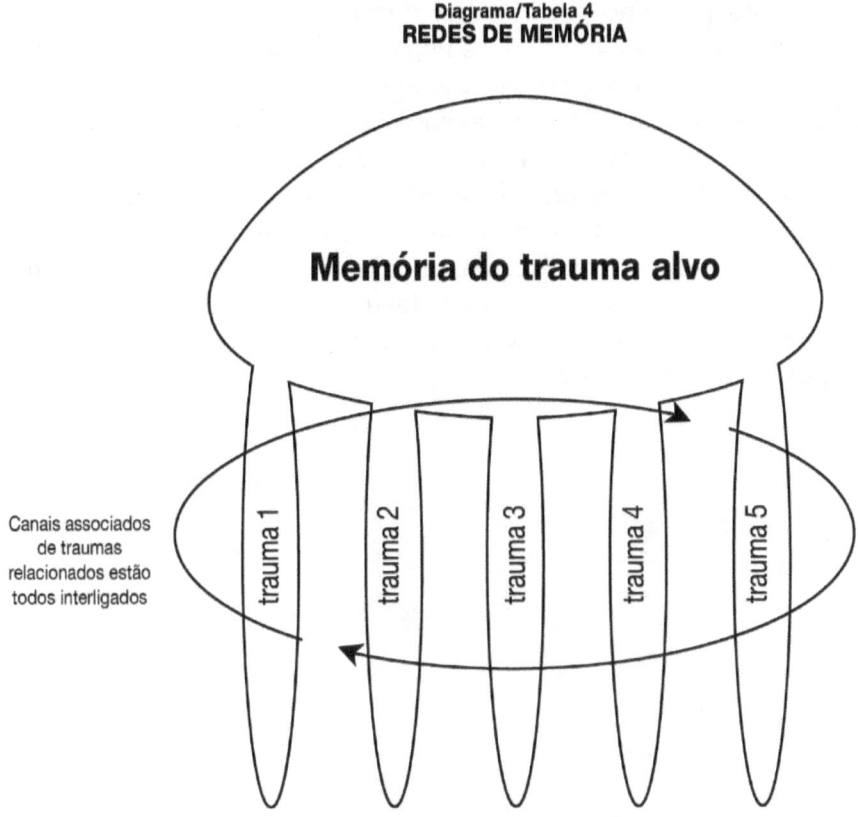

Diagrama/Tabela 4
REDES DE MEMÓRIA

O trauma está armazenado no cérebro em redes de memória

Para resumir a tese principal de nosso modelo, **PRPEs** são inicialmente catalisados pelo acúmulo inconsciente de lesões passadas e de outras experiências negativas na mente e no corpo do atleta. *O acúmulo físico e emocional, oculto, silencioso dessas experiências traumáticas passadas é o que, em última análise, contribui para o aparecimento de sintomas mais visíveis que eclodem sob a forma do problema de performance atual.* Para complicar esse quadro, sempre há a reação única de cada atleta aos seus problemas de performance. A forma com que um atleta responde a suas dificuldades de performance frequentemente desencadeia um ciclo negativo autoperpetuador que mina ainda mais sua autoconfiança, gera ansiedade adicional e agrava o problema.

No próximo capítulo, exploraremos como esses traumas esportivos e essas experiências negativas passadas interferem com a expansão da performance, deflagrando fora da consciência do atleta o mecanismo de sobrevivência inato que compartilhamos com todas as criaturas vivas: a resposta de luta/fuga/congelamento. Argumentamos que a maioria dos PRPEs são resultado direto de um mal funcionamento dessa resposta de luta/fuga/congelamento. Na realidade, a grande maioria dos PRPEs são reflexo de um atleta que, sem o saber, encontra-se impotente, preso na etapa do congelamento dessa resposta de autoproteção.

Capítulo 3: A Resposta De Luta/Fuga/Congelamento: O cerne dos Problemas Repetidos de Performance no Esporte

Para compreender o que acontece aos atletas que se debatem nas garras de um PRPE, voltamos para o reino animal. O estresse gerado por um predador sobre as presas que sobrevivem na vida selvagem, ilustra o cerne de TETRE e de seus sintomas desconcertantes. Acreditamos que todos os PRPEs sejam uma função de nosso mecanismo inato de sobrevivência: a resposta de *luta/fuga/congelamento* que funcionou mal. Na verdade, *a maioria dos PRPEs são resultado direto de o atleta repetidamente ficar preso na última opção de sobrevivência, a resposta de congelamento.* O belo trabalho de Peter Levine (*O Despertar do Tigre – curando trauma*) é elucidativo a respeito deste momento.

De acordo com Levine, os animais selvagens têm uma "resposta de orientação" inata, que os ajuda a escanear periodicamente o ambiente à procura de sinais de predadores e de perigo iminente. Essa resposta de orientação é o sistema de alerta precoce do animal e é responsável por manter o animal em segurança durante sua rotina diária de alimentação, de socialização e de acasalamento. Quando um animal percebe qualquer indício de ameaça, por meio de seus sentidos, fica hipervigilante até que esteja convencido de que o perigo foi um alarme falso, ou de que já passou.

No entanto, se a resposta de orientação detectar corretamente a presença de uma ameaça à vida no ambiente do animal, sua fisiologia instantaneamente se acelera e o prepara para lutar ou para fugir. A frequência cardíaca aumenta, os músculos se contraem e a respiração torna-se rápida e superficial, de modo a prepará-lo para confrontar o atacante ou para correr e salvar sua vida. Se alguma dessas duas opções de sobrevivência se mostrar efetiva e eliminar o perigo, a fisiologia do animal gradualmente retorna ao normal e ele retoma as atividades anteriores.

Se as tentativas de luta/fuga falharem, no entanto, deixando o animal prestes a ser capturado e devorado pelo predador, a presa instintivamente usa sua última estratégia de sobrevivência: *o congelamento*. O animal encurralado instantaneamente cai ao chão em um estado de congelamento, sem vida. Todas as suas funções vitais diminuem acentuadamente por um breve momento. Essa imobilidade ocorre por três razões: em primeiro lugar, alguns predadores não gostam de comer presas mortas, semelhante à presa em estado de congelamento. Em segundo lugar, os predadores tendem a prestar menos atenção às presas quando acreditam que estejam mortas, fazendo com que seja mais possível para a presa escapar em um momento de descuido. E em terceiro lugar, esse estado fisiologicamente alterado protege o animal anestesiado do sofrimento, caso o predador resolva prosseguir e devorá-lo.

Se o predador perder o interesse em sua refeição aparentemente morta e for embora, deixando a oportunidade para a presa sair do estado de congelamento, o animal se contorce, treme seu corpo todo e literalmente sacode até libertar-se dos efeitos residuais da resposta de congelamento. Por meio desse processo natural de tremer, o animal recobra controle completo sobre seu corpo e liberta-se completamente da experiência aterrorizante. Quando isso é completado, o animal volta à vida selvagem e retoma sua vida *como se nada tivesse acontecido*. Tremer para liberar os efeitos de ter chegado tão perto da morte permite que o animal descarregue *completa* e *inteiramente* toda a energia que foi mobilizada para a sobrevivência. Essa liberação por meio do tremor possibilita ao animal continuar sua vida livre de efeitos posteriores negativos duradouros, que nos humanos chamamos de sintomas de trauma.

Diferentemente de nossos primos animais, os seres humanos foram abençoados com cérebros mais completamente evoluídos. Para o bem ou para o mal, isso nos permitiu pensar, analisar e raciocinar até chegarmos a um lugar de domínio no reino animal. Considerados em uma totalidade, não estamos mais primariamente preocupados com a sobrevivência do dia-a-dia. Consequentemente nossos instintos de orientação e de sobrevivência não são tão necessários para nossa vida diária típica. O cérebro pensante nos ajudou a transcender a questão antiga de "sobrevivência dos mais fortes". No entanto, um grande aspecto negativo dessa evolução cerebral é que ela comprometeu nossa habilidade de passar de forma efetiva pela resposta de luta/fuga/congelamento. O que isso significa?

De acordo com Peter Levine, nosso cérebro pensante frequentemente é crítico em relação à nossa habilidade inerente de agir, de forma a salvar nossas vidas. Quando confrontada com uma situação de ameaça à vida, nossa mente racional pode ficar confusa e sobrepor-se aos instintos de sobrevivência. Isso pode levar diretamente ao congelamento e à imobilidade. Para complicar a situação, nossa cultura moderna vê a rendição instintiva da resposta de congelamento como um sinal de fraqueza ou de covardia. É esse julgamento negativo de um *processo natural* que nos leva inconscientemente a lutar contra a resposta de congelamento. Ao interromper, dessa forma, o descarregar natural, nunca liberamos totalmente a energia que foi originalmente mobilizada para a luta ou para a fuga.

Quando estamos competindo nos esportes, estamos reencenando a sobrevivência do mais forte em um ambiente seguro. O vitorioso e o derrotado ainda coexistem, mas tudo é feito em um jogo; sobrevivemos para competir outro dia. O aspecto físico reforça a descarga que o esporte nos possibilita. É por isso que somos levados a praticá-lo, mas essa competição "segura" não é inteiramente segura, já que as lesões esportivas são tão prevalentes e algumas competições são mais agressivas do que outras. Quando a importância é maior devido ao público, aos técnicos, aos pais e à mídia, o senso de perigo é trazido mais próximo à superfície. **Nossa resposta ao perigo está programada em nossos cérebros e em nossos corpos. Esses mecanismos de sobrevivência são totalmente involuntários e instintivos. Não temos o controle consciente sobre eles, quando nossos sistemas percebem uma ameaça na vida real, na quadra ou no campo.** É por isso que podemos *automaticamente* entrar em modo de sobrevivência no montículo com as bases cheias, diante de um putt a dois metros de distância do 18° buraco, preparando-se para arremessar lances livres cruciais, ou para fazer uma pirueta para trás na trave de equilíbrio. Nos esportes, confiamos em nossos instintos, mas nossos instintos também podem nos atrapalhar.

Os melhores atletas do mundo são sintonizados com suas raízes instintivas. Na verdade, grandes atletas como Roger

Federer ou Tiger Woods são frequentemente descritos como sendo "naturais" e "instintivos". Eles têm um instinto natural para o seu esporte e parecem sempre saber o que fazer, independentemente da quantidade de pressão a que estão submetidos. Nessas situações exigentes, eles têm a habilidade excepcional para simplesmente confiarem na sabedoria de seus corpos e permitir que suas performances simplesmente *fluam espontaneamente*.

Atletas que lutam com PRPEs deixaram de confiar em seus instintos e, em vez disso, tentam conscientemente dar instruções a si mesmos durante toda performance. Quanto maior a pressão, mais instruções conscientes eles se dão. Esse excesso de pensamento perturba completamente a execução automática, sem esforço, e é uma marca dos PRPEs. Vemos isso em erros mentais, jogadas desperdiçadas, pioras bruscas de desempenho e no yips.

O movimento de nos afastarmos de nossa natureza instintiva pode ser visto na visão de que o tremor, que nos tira da resposta de congelamento, seja um sinal de fraqueza. Isso é especialmente verdadeiro no mundo "macho" de esportes de competição, onde a exigência de se ser física e mentalmente "durão", estimula os atletas a ignorar e a passar por cima dos instintos naturais de seus corpos.

Quando atletas se machucam, espera-se que eles "deixem isso pra lá', "aguentem o tranco" ou simplesmente joguem até a dor passar. Nossa cultura esportiva de "ser durão" direta e indiretamente estimula atletas a ignorarem suas lesões. A disposição do atleta para fazer isso é recompensada por seu técnico e por colegas de equipe com elogios e respeito. Essas reações são vistas como um sinal de força e de caráter. O atleta que, em vez disso, escolhe escutar a sabedoria de seu corpo, assim evitando o risco de lesões futuras, é frequentemente visto com desdém.

Tendemos a responder de forma negativa a alguém que esteja tremendo como resultado de uma lesão esportiva. Nossa resposta social é interromper esse "sinal de fraqueza" e dizer para o atleta se recompor. Atletas "durões" não tremem! No entanto, o tremor e os espasmos são os reflexos corporais de liberação de energia contida, que foi inicialmente mobilizada para lidar com o choque do trauma. Ao interromper essa liberação instintiva, inadvertidamente interferimos com a habilidade de passar por e de superar o trauma esportivo. Isso interrompe o movimento fluido e preciso, necessário em todos os esportes.

Quanto mais nos afastamos de nossa natureza instintiva, maior a dificuldade de resolver de forma construtiva experiências física e emocionalmente perturbadoras. Esses traumas não-resolvidos acumulam-se silenciosamente ao longo do tempo, tornando os atletas vulneráveis aos PRPEs. Ignorar uma lesão, minimizar sua gravidade e tentar estoicamente jogar apesar da dor são estratégias de enfrentamento ineficazes. Elas estimulam o atleta a distanciar-se ainda mais da habilidade instintiva de seu cérebro e de seu corpo de se curarem física e emocionalmente. O esporte tem a ver com recuperação e nossa resiliência é o que torna esse retorno possível.

Traumas físicos e emocionais são parte inevitável da vida para o atleta de competição. Como esses traumas estão na raiz mesma de todos os PRPEs, é imperativo compreender a resposta de congelamento e seu efeito perturbador sobre a performance esportiva, quando o movimento natural de saída desse estado de imobilidade é interrompido. Acreditamos que essa informação seja vital não só para o atleta com dificuldades, mas para todos os atletas. Mesmo atletas com alto nível de desempenho estão se adaptando a resquícios de lesões e a traumas esportivos. Um handicap baixo em golfe ou uma média de rebatidas de 0,300 em beisebol ou softbol pode ser melhorada ao se limpar os detritos (chamamos isso de expansão da performance em esporte).

Os Sintomas De Trauma Dentro E Fora Do Campo

A exposição a experiências traumáticas repetidas dentro ou fora do campo acaba por levar a sintomas de problemas repetidos de performance *se esses eventos física e emocionalmente perturbadores não forem adequadamente curados na mente e no corpo do atleta.* São os sintomas mais graves de trauma que preocupam psicólogos do esporte, técnicos, atletas e seus pais, quando se trata de qualquer problema de performance.

Contudo, todos os atletas têm sintomas de trauma em algum grau, mesmo que não sejam pronunciados ou rotulados como tal. Pioras repentinas de desempenho muito frequentes ou que duram demais são bons exemplos disso. Os sintomas variados de trauma são abordados nos parágrafos seguintes.

Ansiedade – Os atletas falam de "uma névoa de ansiedade" que pode envolvê-los durante o aquecimento ou durante o jogo. Uma jogadora de futebol da primeira divisão descreveu que essa "névoa" a acompanhava quando entrava em campo e às vezes ficava com ela durante todo o jogo, impedindo-a de jogar de acordo com sua capacidade. Um nadador do nado de costas, que se machucou quando bateu na parede da piscina em uma virada, reclamava de um pavor avassalador toda vez que se aproximava da parede em uma grande competição. Um golfista profissional com o yips descreveu ser atormentado por uma ansiedade paralisante sempre que tirava seu taco da bolsa no green. Às vezes um atleta consegue articular claramente o que lhe provoca ansiedade. Outras vezes, fica completamente perdido quando tenta explicar de onde vem a ansiedade. Ansiedade é um sintoma clássico de trauma e de TEPT e sempre será encontrada naqueles atletas que lutam contra problemas repetidos de performance.

Ansiedade antecipatória e ataques de pânico – Ansiedade antecipatória é outro sintoma clássico de atletas que sofrem de trauma e de PRPEs. A ansiedade antecipatória é um medo explícito do futuro, uma preocupação intensa sobre a possibilidade de acontecer eventos específicos, geralmente negativos, que já aconteceram antes. Para muitos atletas que lutam contra os PRPEs, a ansiedade antecipatória é frequentemente direcionada à continuidade de sua dificuldade de performance ou ao medo de uma nova lesão. Quando um treino ou uma competição se aproxima, o atleta é atormentado pelos "e se" (E se eu for eliminado por strikes novamente? E se eu cair? E se eu cair sobre meu pescoço? E se *AQUILO* acontecer de novo?). Às vezes, essa ansiedade pode ser tão intensa que o atleta fica completamente imobilizado e entra em estado de congelamento. Quando a ansiedade chega a esse nível de intensidade, o atleta frequentemente vivencia um ataque de pânico. Durante um *ataque de pânico*, o indivíduo está totalmente tomado pelo medo, não consegue respirar e pode sentir dores no peito, palpitações e/ou tontura. Não é incomum que pessoas que têm ataques de pânico acreditem erroneamente que estão enfartando. O ex-receptor do Mets, Mackey Sasser, descreveu ser tomado por esses ataques de ansiedade na noite anterior aos jogos nos quais teria que iniciar o jogo atrás do home plate. A ansiedade antecipatória torna o atleta propenso a evitar a atividade.

Comportamento de evitação – O comportamento de evitação frequentemente acompanha a ansiedade intensa e é uma consequência natural de qualquer experiência traumática. A pessoa que sofreu um trauma tende a evitar comportamentos, ambientes, situações ou qualquer coisa que lembre a experiência perturbadora. Não é surpreendente que um goleiro que foi chutado na cabeça ao tentar impedir um gol fique com muito medo da próxima vez que tenha que sair do gol para pegar uma bola na área. De modo semelhante, uma nadadora que teve uma crise de asma assustadora no meio de uma prova mais longa vai querer competir apenas em provas mais curtas. Às vezes o atleta tem consciência de sua evitação, mas outras vezes o comportamento de evitação manifesta-se de forma inconsciente. Por exemplo, o atleta pode misteriosamente ficar doente ou se machucar logo antes de ter que enfrentar a fonte de sua ansiedade. Dores de estômago intensas, vômitos, câimbras musculares incapacitantes ou lesões inesperadas de última hora, fazem com que seja "impossível" o atleta competir e assim o salvam de ter que enfrentar diretamente a fonte de seu medo.

Dissociação – Quando um atleta repentinamente não consegue que seu corpo faça o que ele já sabe fazer (arremessar um strike[9], executar uma pirueta para trás com mortal para trás grupado, jogar uma tacada curta simples, ou jogar a bola de volta ao arremessador, por exemplo), está vivenciando um estado de *dissociação*. *É como se essas habilidades já usadas há muito tempo e a memória muscular envolvida nesses processos tivessem repentinamente sido física e emocionalmente trancafiadas, impedindo o acesso consciente por parte do atleta.* A dissociação sempre envolve ruptura ou separação de pensamentos e/ou sensações físicas da consciência normal. Às vezes, essa dissociação é vivenciada diretamente como uma sensação de *anestesia* nas extremidades dos membros de um atleta, quando ele literalmente perde a sensação dos movimentos. Em outros momentos, o atleta simplesmente parece não conseguir executar o movimento, como se houvesse outra parte, mais inconsciente, travando-o. A dissociação caracteriza-se por perda de memória total ou parcial e perda de conexão com o self. A dissociação também é claramente visível na resposta de congelamento, quando o corpo do atleta para de funcionar completamente. Seja física, mental ou emocional, a dissociação é um sintoma marcante da maioria das pessoas que sofreram trauma e é sempre visível nos atletas lutando nas garras de um problema repetido de performance.

Estado confusional – Muitos atletas que sofrem de PRPEs movidos pelo trauma também falam sobre um *estado confusional* (que está relacionado à ansiedade e à dissociação) do qual não conseguem se livrar. Às vezes reclamam que não conseguem "pensar direito" ou fazer com que suas mentes funcionem. Parecem estar um pouco perdidos, antes ou durante a performance. A ginasta que

---

[9] Uma bola arremessada dentro da zona de strike, que é a área sobre o home plate, que tem como limite inferior o joelho, e como limite superior o ponto médio entre o ombro e a cintura do rebatedor.

esquece onde está no meio de sua rotina na trave de equilíbrio e o tenista que continua a jogar as bolas para o lado forte de seu adversário, ambos demonstram esse estado de confusão.

Atenção aumentada em relação às sensações físicas – as vítimas de trauma são **hiperalertas em relação às sensações físicas** em seus corpos. É como se o "botão que controla o volume" de sua experiência interna estivesse no máximo e emperrado nessa posição. Algumas vezes essa atenção aumentada está diretamente ligada a uma lesão ou a trauma anteriores. Nesses casos, o atleta fica obsessivamente preocupado com a vulnerabilidade dessa parte específica de seu corpo. Por exemplo, um jogador de basquete do ensino médio rompeu o ligamento cruzado anterior de seu joelho direito na temporada anterior e agora parece não conseguir parar de procurar, de forma obsessiva, por sensações físicas semelhantes em seu joelho, sempre que treina ou joga. Outras vezes, essa atenção aumentada parece focar em uma sensação física que é parte do problema de performance. Por exemplo, um receptor do ensino médio, sofrendo problemas de arremesso debilitantes, não conseguia parar de focar a tensão de seu polegar da mão que usava para arremessar. Toda vez que ele não conseguia jogar a bola com precisão de volta ao arremessador, essa tensão surgia. Sua atenção aumentada gerava ainda mais ansiedade, tornando o arremesso natural impossível.

Diálogo interno negativo e crenças distorcidas a respeito de si mesmo – Outra característica de vítimas de trauma é serem atormentadas por excesso de diálogo interno negativo. Esse fluxo contínuo de negatividade contribui para crenças distorcidas em relação a si mesmos. O atleta que tenta se livrar das garras de um PRPE também é inundado por um diálogo interno negativo ("Sou horrível", "Sou um fracasso") sempre que se prepara para atuar. O diálogo interno negativo mina a autoconfiança, aumenta a ansiedade e distrai o foco do atleta daquilo que é importante. Uma atleta talentosa de corridas cross-country, que inexplicavelmente perdia energia no meio de todas as corridas, não conseguia controlar o pensamento de que todos os seus concorrentes eram melhores que ela, mesmo que seus tempos provassem o contrário. De modo semelhante, uma patinadora artística de calibre nacional era frequentemente assoberbada por pensamentos negativos e dúvidas logo antes de iniciar seu programa longo.

Tensão física – A tensão muscular aumentada é outro subproduto comum da batalha contra os efeitos não resolvidos do trauma. Às vezes, essa tensão muscular localiza-se próximo ao local da lesão e outras vezes é sentida por todo o corpo. Seja relacionada ou não a uma lesão, o excesso de tensão física é mais frequentemente gerado por todos os sintomas mencionados anteriormente, principalmente a ansiedade. Essa tensão física é a preparação ou o agachar primitivos, de proteção, que adotamos instintivamente sempre que somos confrontados por perigo físico.

Como um dos segredos primários da performance de pico é permanecer solto e relaxado tanto *antes* quanto *durante* a performance, músculos tensos sempre impossibilitam a execução fluida. Sempre encontramos excesso de tensão muscular em atletas lutando contra PRPEs. O esquiador, que constantemente tinha dificuldade em terminar suas corridas após uma queda mais grave, reclamou de tensão muscular excessiva logo antes de chegar à linha de partida. A arremessadora de softbol, que repentinamente perdeu seu controle e confiança, falava sobre não conseguir soltar-se durante o aquecimento ou já no montículo. *Praticar esportes com a presença de tensão muscular, mesmo que microscópica, torna a pessoa muito mais suscetível a lesões. Existe, então, um ciclo no qual lesões esportivas levam a traumas esportivos e traumas esportivos levam a lesões esportivas.*

Todos esses sintomas físicos e emocionais (ansiedade, comportamento de evitação, dissociação, confusão, ataques de pânico, atenção aumentada em relação às sensações físicas, diálogo interno negativo, crenças distorcidas e tensão física) são os subprodutos mais conscientes e visíveis do contato com o **trauma**. *Instintivamente vivemos essas experiências como uma ameaça à vida.* Pode ser difícil de entender como um atleta poderia vivenciar o simples ato de jogar uma bola de beisebol de volta ao arremessador ou tentar um chute a gol como uma *ameaça à vida*, mas *internamente é exatamente o que acontece com o atleta cuja resposta de luta/fuga/congelamento foi automaticamente desencadeada.* Devido à história pessoal e de lesões únicas de cada atleta, ele se percebe em perigo. Apesar da memória do trauma subjacente estar ausente da consciência do atleta, ele continua a responder como se a ameaça à vida ou à integridade física ainda estivesse presente. A resposta de ameaça do atleta ao que, para os técnicos, os colegas de equipe e os espectadores parece ser uma situação rotineira, transforma o problema de performance em algo ainda mais desconcertante.

É importante lembrar que os sintomas de trauma que discutimos não são, na realidade, causados pelo evento que os deflagra, nem pelo trauma em si mesmo. Em vez disso, *devemos entender que os sintomas advêm da energia que ficou presa no sistema nervoso do atleta, e que nunca teve oportunidade de liberá-la completamente.*

Luta/fuga no esporte – Um quadro incompleto

A Psicologia do Esporte tradicional há muito reconheceu os sintomas, mas não as causas dos instintos de sobrevivência (luta/fuga) encontram-se envolvidos nos problemas repetidos de performance. A maioria dos psicólogos do esporte, ao trabalhar com PRPEs, foca primariamente o alto nível de ansiedade do atleta, o que se costuma chamar "o nervosismo ruim". A teoria deles é que, apesar de algum nível de excitação pré-jogo ou ativação ("nervosismo bom") ser necessário para uma performance de pico, muito pouco ou um excesso de ativação logo antes do início sempre levará a performances insuficientes. Como resultado, a maioria dos psicólogos do esporte tende a abordar diretamente essa ansiedade de performance na tentativa de diminuí-la. O objetivo deles é ajudar o atleta a atingir um nível de ativação ótima, ou o "nervosismo bom" (acreditamos que o estado de "nenhum nervosismo" seja alcançável e ideal) logo antes do início da competição. Fazem isso primeiro ensinando os atletas a como reconhecer de onde vem a ansiedade e então a como sistematicamente diminuí-la usando técnicas específicas de relaxamento. Entretanto, conforme delineamos aqui a ansiedade que compromete a performance não existe sozinha dentro do atleta. Em vez disso, trata-se de um sintoma superficial de experiências mais profundas. Apesar de ser benéfico para o atleta dominar técnicas de relaxamento, essas técnicas conscientes não reduzem de forma *consistente* o nível de ansiedade de performance de um atleta. Por que não?

Nesse nervosismo nem sempre a resposta de luta/fuga é desencadeada. Frequentemente o nervosismo é um subproduto do estágio final desse reflexo de sobrevivência, a resposta de congelamento. Quando você está "congelado no medo", usar técnicas de relaxamento consciente para acalmar-se é ineficaz e às vezes aprofunda o congelamento. A não ser que o congelamento tenha sido identificado e liberado, ele retornará repetidas vezes.

Em todos os PRPEs, os instintos de sobrevivência do atleta acabam por interferir em sua performance. As mentes e os corpos dos seres humanos foram programados para a sobrevivência. As mentes e os corpos apurados dos atletas são programados para a performance ótima. Temos observado repetidamente que os problemas a perturbar a performance em todos os esportes (hesitação, fases ruins, medo debilitante e o yips) vêm diretamente do disparo repetido de alarmes falsos de sobrevivência dentro do atleta. Os reflexos dos quais os atletas dependem tornam-se condicionados por meio de muitos milhares de horas de treino de habilidades e repetições. *Quando um atleta enfrenta uma situação semelhante a seu trauma ou a sua lesão originais, desencadeia-se em seu corpo a resposta de luta/fuga/congelamento. Os reflexos das habilidades desenvolvidas desaparecem rapidamente.*

Por exemplo: um arremessador que foi atingido na cabeça por uma bola rebatida de volta em linha reta em sua direção, percebe que seus reflexos de sobrevivência são disparados quando sobe no montículo. Arremessar implica o impulso do braço, perna e corpo do arremessador para frente, com movimento *em direção* ao home plate, fonte do trauma anterior do atleta. O reflexo do arremessador de *movimentar-se para frente* encontra contraposição do poderoso reflexo de sobrevivência de **afastar-se** para se proteger de outro trauma.

Diagrama/Tabela 5

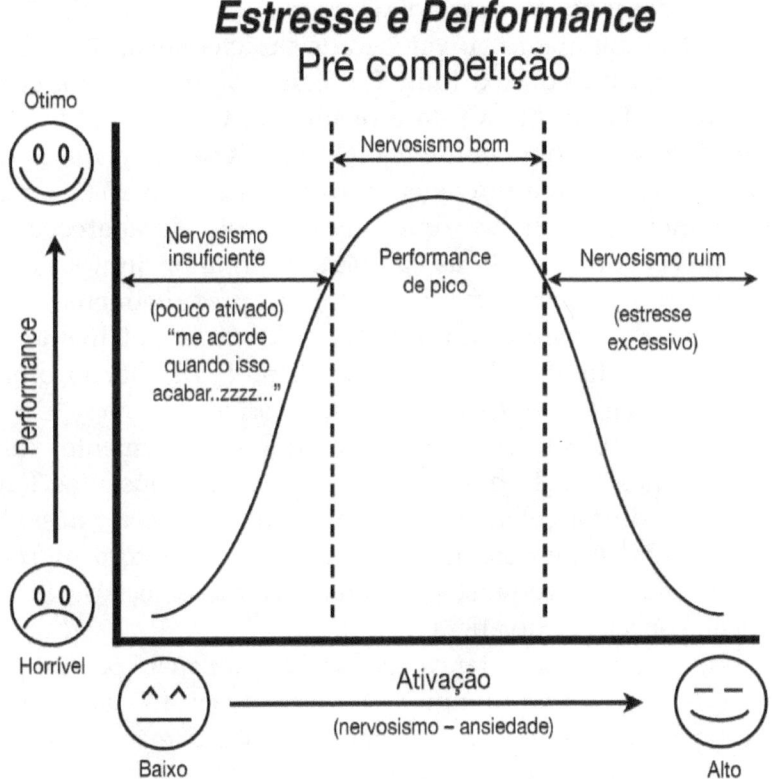

Curva tradicional de ativação na performance esportiva

O reflexo de sobrevivência pode ser reativado automaticamente por inúmeras coisas no ambiente próximo do atleta. O simples fato de andar até o montículo enquanto segura a bola ou de ver um imponente rebatedor de força adentrar a caixa do rebatedor podem ser gatilhos. Ouvir o som da bola que bate no taco ou ver a bola voltando diretamente pelo meio podem reativar o trauma no atleta. Por exemplo: uma arremessadora de softbol da Primeira Divisão que fora atingida na testa por uma bola rebatida em linha reta esquivava-se reflexamente a qualquer momento em que a bola era rebatida de volta pra ela, independentemente da velocidade da bola. Isso era especialmente frustrante tanto para ela quanto para seu técnico, quando ela se esquivava instintivamente de rebatidas que poderia pegar com facilidade.

O atleta desconhece completamente que esse conflito interno esteja acontecendo. Pode estar no montículo, sentindo-se vagamente desconfortável ou pode estar ciente de que lhe faltam seu controle, movimento ou velocidade característicos. Em 2005, o arremessador do Red Sox, Matt Clement, foi atingido na cabeça por um rebatida em linha reta e desmaiou. Quando Clement foi finalmente liberado para voltar a jogar, várias semanas mais tarde, foi atingido com força novamente, dessa vez na perna. A partir desse momento, à medida que seu controle desapareceu, sua média de corridas cedidas aumentou muito, junto com o percentual de walks[10]. No montículo, ele provavelmente estava lutando entre o pânico da luta/fuga e o congelamento que interrompia sua fluidez. Logo depois Clement machucou o braço que usava para arremessar e foi colocado na lista de incapacitados. Conforme mencionado anteriormente nesse capítulo, vemos isso frequentemente, já que os músculos tensos pela resposta de congelamento são mais vulneráveis a lesões. Não se sabe quantas lesões esportivas advêm de jogar com músculos tensos, mesmo "micro-tensos", o que certamente estaria fora da percepção consciente do atleta.

Pense em uma criança que deixa sua mão passar perto demais de um fogão quente. A criança muito rapidamente <u>aprende a não fazer isso e</u> reflexamente tira a mão para evitar

---

[10] Quando um arremessador erra 4 vezes a zona de *strike* ou atinge o rebatedor, colocando-o, automaticamente, na primeira base.

queimar a mão novamente. Nesse caso, a experiência traumática da dor ensina a criança, apropriadamente, a *nunca* colocar sua mão sobre um fogão quente. Infelizmente o arremessador traumatizado não tem escolha quanto a isso. Como é parte de seu trabalho, ele deve voltar ao seu "fogão quente", o montículo, repetidas vezes a cada vez que entra para jogar e a cada arremesso que faz.

Quando inicia a preparação do arremesso e solta a bola, seu impulso para frente dispara sua resposta de sobrevivência, de puxar para trás. Como resultado, o arremessador pode, inconscientemente, puxar seu punho ou mão para trás, não transferir seu peso completamente para frente ou simplesmente vacilar enquanto arremessa. Pode apertar a bola, segurá-la por tempo demais, ou soltá-la cedo demais. Arremessar bem é uma questão de centímetros e milésimos de segundo. Qualquer uma dessas anomalias pode desviar muito a bola.

Um esquiador talentoso que tinha sofrido uma queda grave na temporada anterior não conseguia manter-se abaixado e inclinado para frente durante as corridas. Em vez disso, acabava deslocando o peso para trás e mantendo o corpo mais alto, aumentando significativamente seu tempo montanha abaixo. Apesar de sua memória muscular e seus reflexos de performance terem sido cuidadosamente aprimorados para ficar abaixado e inclinar até o limite para deslocar-se o mais rápido possível, seus reflexos de sobrevivência faziam exatamente o oposto, mantendo-o mais alto e para trás nos esquis, para que fosse mais lentamente e permanecesse em segurança. Conhecemos tais ações como "lutar contra nós mesmos".

No próximo capítulo, demonstraremos mais como lesões físicas acumulam-se inconscientemente no corpo do atleta e finalmente aparecem como um problema de performance. Na história de Calder, vamos salientar como a resposta corporal de luta/fuga/congelamento, que é instintiva e de autoproteção, interferiu com a performance ótima de um talentoso arremessador de nível universitário.

O Cérebro no Esporte: *Vencendo os bloquieos e ansiedade de despempenho*

Capítulo 4 – A História De Calder: Lesões esportivas, problemas de performance e perseverança

Neste capítulo vamos compartilhar a história de Calder, um arremessador de universidade, que repentina e inexplicavelmente desenvolveu problemas de controle quando era calouro. Suas dificuldades no montículo tornaram-se tão agudas que ameaçaram descarrilhar sua carreira universitária e o sonho de sua vida de jogar profissionalmente. A história de Calder ilustra o desenvolvimento dos PRPEs, a relação desses com as lesões no esporte e o papel de experiências da história de vida do indivíduo. Este capítulo também revela como o processo de tratamento funciona, não apenas focando no problema de performance, mas tratando o atleta como uma pessoa, como um todo. A história de Calder é única porque representa uma situação de tratamento de longo prazo, durante vários anos. Foi necessário um tratamento tão demorado devido à história extensa de lesões e ao fato de que Calder sofreu repetidas lesões durante o curso do trabalho comigo (DG).

O que é especialmente poderoso na história de Calder é o impacto profundo que esse tipo de terapia tende a ter sobre o atleta em sua vida *fora do esporte. Temos verificado que para curar a performance, temos também que curar a pessoa. Isso porque as feridas físicas e psicológicas subjacentes a todo PRPE estão na pessoa, não na performance.* Por exemplo, pode parecer senso comum para atletas, técnicos e pais que a *ansiedade de performance* seja simplesmente um *problema de ansiedade*, a ser corrigido mudando algumas variáveis de performance, tais como: a concentração, o nível de ativação fisiológica e/ou a habilidade de lidar com o diálogo interno negativo. Em nossa experiência, isso é incorreto. A ansiedade de performance significativa não existe sem que a ansiedade esteja presente em outros aspectos da vida de uma pessoa. Assim sendo, é imperativo que a ajuda psicológica que o atleta receba não só aborde sua dificuldade de performance mas, o que é mais importante, lide diretamente com a pessoa lutando com o problema. Quando o atleta recebe o tipo certo de ajuda psicológica, mudanças profundas são catalisadas dentro dele, deixando-o mais feliz, mais saudável e não simplesmente um atleta que consegue ter uma melhor performance.

Calder foi encaminhado a mim (DG) inicialmente durante o semestre de primavera de seu primeiro ano no Grand Valley State, uma faculdade da Divisão II no oeste de Michigan. Calder tinha entrado no Grand Valley no outono anterior, carregando o fardo pesado de altas expectativas. Calder era um atleta talentoso, dedicado e esforçado, com quase 2 metros de altura e pesando 100 quilos. Ele era um arremessador de controle destro, com velocidade razoável e consistente. Havia sido a estrela de seu time no ensino médio e acreditava que poderia contribuir de forma semelhante no nível universitário. Seu técnico no ensino médio não apenas compartilhava essa crença, mas sentia que seu aluno tinha o talento necessário para alcançar a Liga Principal. O pai de Calder tinha sido seu técnico "desde que ele nascera" e também acreditava nisso. Calder tinha sido recrutado pela Grand Valley State, recebera uma bolsa parcial e esperava-se que ele tivesse uma presença marcante entre os melhores arremessadores da equipe, o que era raro para um "verdadeiro calouro".

Calder cresceu bem durante o outono de seu primeiro ano. Sua bola rápida chegou a 140km/h pela primeira vez. No entanto, pela primeira vez em sua carreira como arremessador, percebeu que seu controle estava inconsistente. Inicialmente, não era nada mais sério do que ocasionalmente não conseguir colocar a bola onde intencionava. À medida que os erros começaram a aumentar, no entanto, Calder começou a sentir a ansiedade mais intensamente tanto antes quanto durante o treino. Essa ansiedade era exacerbada por suas expectativas elevadas, pela pressão dos técnicos, pela consciência de que ele estava jogando em um nível muito mais elevado. Estar separado de sua família pela primeira vez em sua vida também agravava seu estresse.

A ansiedade não era novidade para Calder, pois tinha crescido com um transtorno de ansiedade subjacente. Havia tido asma quando criança e sua ansiedade aumentava por sua dificuldade em respirar. A asma o levara para o serviço de urgência diversas vezes e causou um medo de hospitais. Aos 15 anos de idade, teve seu primeiro ataque de pânico, mas conseguiu lidar com ele e com os subsequentes, enquanto ainda morava em casa.

A reação de Calder a seu misterioso problema de controle foi clássica: pensar obsessivamente sobre isso dentro e fora do campo, preocupar se pioraria progressivamente a cada vez que fizesse um arremesso. Com a continuidade de seu problema de arremesso, reagiu como a maioria dos atletas ao PRPE: "esforçou-se mais" para corrigir o problema. Passou mais tempo treinando sozinho, às vezes até seu braço doer. Quando estava no montículo, começou a "mirar" a bola, na tentativa de controlar melhor a localização de seus arremessos. Como era de se esperar, quanto mais pensava na localização e quanto mais se esforçava para direcionar conscientemente os arremessos, mais tenso ficava fisicamente e menos controle tinha. À medida que essas tentativas fracassadas se acumulavam, tornou-se ainda mais obcecado com seus arremessos "pensando sobre isso 24 horas por dia, sete dias por semana." As dificuldades de arremesso de Calder pareciam estar fisicamente centradas em sua mão direita, onde sentia uma tensão que irradiava até seu antebraço.

À medida que a temporada de outono progredia em direção aos jogos finais do Intrasquad World Series, a serem jogados na presença de sua família e amigos, Calder arremessou bastante bem, mas isso era a calmaria antes da tempestade. Cinco a seis horas antes de cada jogo, lutava contra ondas crescentes de ansiedade. Preocupava-se com o que seus colegas de time e técnicos pensariam dele. Sentia-se culpado por ter sido convocado por seu talento e agora não conseguir dar conta. *Estava atormentado pelos* "e se?" que incansavelmente passavam por sua cabeça. "E se eu não conseguir encontrar a zona de strike? E se eu atingir mais rebatedores? E se eu tiver um ataque de pânico no montículo?" Essas preocupações geravam tanto medo que Calder imaginava formas de evitar arremessar naquele dia. Pela primeira vez em sua vida, a alegria e a antecipação que sempre foram parte de um jogo que se aproximava tinham sido substituídas por medo.

No montículo, Calder tentava reverter as coisas usando diálogo interno positivo para forçar seu corpo a superar a dúvida, a ansiedade e a tensão física crescentes. Continuamente lembrava a si mesmo que já tinha feito isso com sucesso inúmeras vezes ao longo de anos, dominando rebatedores nesse processo. Dizia a si mesmo que era intocável e orientava a si próprio para "ir devagar", "relaxar" e "respirar". Tentava proteger-se atrás de uma parede de pensamento positivo e de autoconfiança, mas não importava o que dissesse a si mesmo, a parede desmoronava à sua volta. Seus pensamentos positivos não eram páreo para as dúvidas e as ansiedades que ameaçavam assoberbá-lo a qualquer momento.

Calder tinha sentido sintomas de ansiedade no montículo pela primeira vez durante uma final no último ano do ensino médio. A ansiedade jamais tinha se infiltrado em seu mundo de beisebol antes disso, mas o nervosismo de Calder durou apenas uma ou duas entradas e não afetou seu arremesso negativamente. À medida que seus arremessos tornaram-se mais descontrolados naquele outono, no entanto, o "diabo" na cabeça do calouro o lembrava desse incidente no ensino médio, prevendo que poderia ocorrer novamente na universidade.

Calder conseguiu ir até o World Series no final da temporada sem incidentes importantes e, na verdade, arremessou bastante bem no terceiro e no último jogo, ganhando. Contudo, apesar de ter arremessado de forma aceitável, nem tudo estava bem por dentro. Não conseguia livrar-se do sentimento de que havia algo muito errado com ele e de que, de alguma maneira, ainda iria perder o controle novamente. Quanto mais se preocupava, mais tensos tornavam-se sua mão e seu braço de arremesso.

No princípio de janeiro, uma semana após o retorno de Calder para a escola após o feriado de Natal, as coisas pareciam ir de mal a pior. Ele e seus colegas de time ajudaram a equipe de treinadores a realizar uma colônia de férias de beisebol para adolescentes. Calder estava atrás do home plate, como receptor de um jovem de 15 anos, que recebia instruções do técnico principal da Grand Valley. Quando Calder retornou o primeiro arremesso do rapaz, a bola inexplicavelmente passou 1,5 metros acima do braço esticado do jovem. Calder ficou estupefato. Sentia como se alguém tivesse tomado o controle de seu braço, interferindo deliberadamente com seu movimento de arremesso. Ficou em estado de choque e humilhação. Seu pior pesadelo estava finalmente tornando-se realidade.

Depois de pegar o segundo arremesso do rapaz, Calder teve novamente a mesma sensação de perda de controle quando soltava a bola. Dessa vez, a bola foi em direção ao chão, muito longe do jovem arremessador. Calder foi tomado por uma onda de ansiedade que obnubilou seu pensamento, desfocou sua visão e prendeu sua respiração. Sentiu-se como se estivesse em um aquário pequeno com todos no ginásio testemunhando seu fracasso humilhante. Quando seu terceiro arremesso passou bem acima da cabeça do arremessador, as comportas da ansiedade se abriram. O coração de Calder começou a bater acelerado. Ele sentiu-se tonto e "enevoado" e teve a certeza de que, se não fugisse do ginásio imediatamente, iria desmaiar.

Pela primeira vez na vida não conseguira arremessar uma bola de beisebol e isso o abalou profundamente. Inventou uma desculpa para o técnico sobre não estar se sentindo bem e saiu apressadamente do ginásio, tomado por vergonha e por ansiedade. Não ajudou nada quando seu melhor amigo chegou até ele mais tarde e exigiu: "Que diabos estava acontecendo com você lá? Você sabe o quanto isso foi constrangedor para todo mundo?" Calder passou o resto do dia confuso, destruído pelo que tinha acabado de acontecer e atormentado pela cobrança do amigo. "Como posso jogar a bola por cima do home plate, quando não consigo nem jogá-la de volta ao arremessador?" Suas preocupações em relação a não conseguir colocar a bola onde queria tinham se transformado na preocupação de que não seria capaz de arremessar a bola com precisão para o receptor. De repente, estava envergonhado demais para ficar perto de seus colegas de equipe e começou a temer arremessar na presença deles.

Alguns dias depois, o pesadelo desconcertante de Calder continuou. Enquanto se aquecia, arremessando para seu técnico com um rebatedor no home plate, não conseguia acertar a luva do técnico. Ou jogava a bola em direção ao chão ou a arremessava acima da cabeça do rebatedor. Mais tarde no mesmo dia, Calder tinha que arremessar para rebatedores na gaiola de rebatidas. Milagrosamente, conseguiu acalmar-se e parecia ir bem durante o aquecimento. No entanto, o pensamento de que agora teria que arremessar para rebatedores grandes e experientes reativou sua ansiedade. Dos 50 arremessos que fez, apenas um ou dois passaram sobre o home plate. O resto passou muito fora da zona de strike. Nesse processo, Calder acertou alguns de seus colegas de equipe, o que o afetou muito. Não só não estava dando a seus colegas bons arremessos para poderem praticar suas rebatidas, mas estava acertando bolas rápidas nos colegas a todo momento.

Sua ansiedade aumentou abruptamente depois dessa experiência surreal e novamente teve aquela sensação de tontura e de confusão. Era como se estivesse fora de seu corpo, testemunhando o horror e o choque. Arremessar tinha sido algo constante em sua vida, a âncora com a qual podia contar para estabilidade, confiança e identidade. Agora, inexplicavelmente, essa âncora se fora.

Até fevereiro, o arremesso de Calder havia regredido até o ponto em que não conseguia arremessar a bola a uma distância de 45 metros. Um mês depois seus técnicos o suspenderam das competições por toda a temporada. Apesar da decisão deles ser um tremendo alívio, Calder se odiou por ter provocado essa reação. À medida que a temporada progredia, evitava arremessar com o time, alegando que seu braço estava doendo. Em vez disso, saia sozinho tarde da noite e arremessava uma bola de tênis contra a parede até que seu braço doesse. No entanto, essa estratégia confiável de "esforçar-se cada vez mais" parecia mais com "bater minha cabeça com força contra a parede".

O problema de arremesso de Calder era completamente desconcertante para ele, seus técnicos e para sua família. Como poderia um arremessador experiente com tanto talento, velocidade e controle ser reduzido a alguém que não conseguia jogar uma bola de beisebol com precisão a 45 metros de distância?

A resposta ao mistério de Calder pode ser encontrada na natureza do esporte. O esporte é como uma máquina de pinball; tudo se trata de *movimento*. É impossível ser um atleta em *movimento* sem, em algum momento, colidir com outro atleta em movimento ou com um objeto imóvel. Quedas, quase acidentes assustadores e lesões são parte normal, às vezes dolorosas, da vivência de movimento no esporte. Toda carreira esportiva é repleta de traumas físicos e emocionais. Desde quando começa a correr, a jogar uma bola, ou a usar um taco de beisebol, taco de golfe ou uma raquete, o atleta é vulnerável a esses problemas no esporte. É claro que as lesões não se limitam ao campo, à pista ou à quadra. Eles também se machucam fora do esporte, em suas vidas diárias, mas a probabilidade de sofrer uma lesão é aumentada pela prática de esporte.

Conforme esclarecemos neste livro, *as lesões físicas e psicológicas sofridas por um atleta acumulam-se inconscientemente ao longo do tempo no corpo, até que atinjam uma massa crítica.* Isso foi claramente o que aconteceu com Calder. Seu inexplicável problema de controle, como todos os PRPEs, tinha uma base de trauma/lesão.

Experiências físicas e emocionalmente perturbadoras não são processadas naturalmente, do mesmo jeito como ocorre com outros acontecimentos da vida. Ficam congeladas em sua totalidade no sistema cérebro-corpo do atleta. Essas experiências não processadas, com seus componentes visuais, emocionais, físicos e mentais, formam as sementes invisíveis do surgimento posterior de dificuldades repetidas de performance. Quando e como isso acontece depende de uma variedade de fatores, incluindo a história pessoal e história de traumas do atleta; depende de sua genética; de qualidades e vulnerabilidades pessoais; de questões psicológicas subjacentes, tais como depressão ou ansiedade, e da relação com pais, irmãos e com técnicos.

Em algum momento o atleta vivencia um evento importante que dispara o surgimento de imagens, ansiedade, tensão física e dúvidas em relação a si mesmo. O disparador pode ser uma nova lesão, uma experiência perturbadora com um técnico ou pai, ou, como no caso de Calder, *simplesmente ter que jogar sob mais de pressão.* De repente, o atleta se vê lutando contra excessiva ansiedade de performance, ou autoconfiança diminuída. Talvez pela primeira vez em sua história esportiva o atleta parece não conseguir fazer o que tem que fazer. Parece incapaz de controlar seu corpo e apresenta dificuldades em executar tarefas esportivas simples, movimentos que costumavam ser perfeitos e automáticos.

Essa é a história de Calder. A gota d'água foi a pressão intensa de ter que jogar no nível mais elevado do beisebol universitário. A expectativa de que se destacasse nesse palco maior desencadeou problemas que há muito se desenvolviam de forma inconsciente. Eventos de sua história pessoal e de lesões foram, em última instância, responsáveis por criar a base para o surgimento posterior de sua dificuldade repetida de arremesso.

Aos cinco anos de idade, Calder sofria de asma grave que repetidamente o levava ao serviço de urgência. Esses ataques eram acompanhados de ansiedade que o deixavam sentindo-se preso, o que contribuiu para seu medo de hospitais. Esse medo permaneceu com ele até um ano antes de formar-se na universidade, somente superado durante o tratamento que fez conosco.

A primeira lesão de Calder foi resultado de uso excessivo e ocorreu na Liga Júnior. Ele arremessava para três times na mesma época e desenvolveu *uma tendinite grave no cotovelo do braço que usava para arremessar.* Apesar de Calder ter se recuperado rapidamente, esse tipo de trauma deixou seu braço vulnerável a problemas no futuro.

A avó de Calder morava com a família quando ele tinha 15 anos de idade. Ele teve uma relação próxima e amorosa com ela por toda a vida. Ela teve que se mudar, sofrendo de insuficiência cardíaca congestiva e poliomielite. A poliomielite precipitou a morte dela poucos meses depois de ela ter se mudado, logo antes de Calder iniciar o segundo ano na universidade. Essa foi uma perda importante para Calder, pois sua avó sempre fora parte importante de sua vida. Foi junto com a doença e a morte de sua avó que Calder teve o primeiro ataque de ansiedade. No meio do outono daquele ano, tornou-se armador titular do time principal. A ansiedade pela perda da avó afetou sua habilidade de realizar passes sob pressão, alimentando o que ele chamava de "grandes ataques de ansiedade" durante os jogos. A ligação entre a incapacidade de lidar com a pressão de ser armador e seus problemas posteriores como arremessador foi desvelada mais tarde em nosso trabalho.

Como veterano, Calder tornou-se recebedor titular no time principal. Em um jogo importante, ele pulou para pegar um passe, e no auge de seu salto foi atingido por um jogador da defesa. A força da pancada fez com que girasse no ar e caísse bem em cima do ombro do braço que usava para arremessar. Também sofreu uma concussão grave com o impacto. O médico que o examinou achou que nada estava estruturalmente errado com seu ombro e prescreveu algumas sessões de fisioterapia.

No início da primavera seguinte, enquanto jogava na primeira base, Calder bateu contra uma cerca, enquanto corria atrás de uma foul ball[11]. Na colisão, fraturou o 3º dedo da mão que usava para arremessar. *Devido à incompetência médica, a lesão não foi detectada por mais de um ano.* Consequentemente seu dedo ficou constantemente edemaciado, tornando impossível segurar a bola adequadamente. *Calder jogou como arremessador durante seu último ano do ensino médio e primeiro ano na universidade com essa lesão não-diagnosticada.*

Em abril de seu primeiro ano na Grand Valley State, Calder ficou muito ruim emocionalmente. Seu pai decidiu procurar alguém que pudesse ajudar seu filho em relação ao problema de arremesso. O pai de Calder encontrou meu website enquanto pesquisava sobre o yips e imediatamente agendou um horário. Naquele momento Calder sentia-se sem esperanças. Nada do que ele tentara tinha ajudado a controlar seu problema. Em vez disso, as coisas tinham piorado progressivamente. Ele estava cético em relação a psicólogos e não via como conversar com alguém pelo telefone poderia ajudá-lo a resolver um problema de arremesso. Calder sentia sua ansiedade fora de controle. A última coisa que queria era conversar com um completo estranho a respeito disso.

Calder estava preso em uma espiral de ansiedade. Por isso mesmo, meu primeiro objetivo foi ajudá-lo a acalmar-se. Fiz um levantamento extenso de sua história pessoal e de lesões esportivas. Em nossa primeira sessão, a morte da avó parecia ser um trauma importante, silenciosamente alimentando sua ansiedade.

Também focamos na fonte atual de sua ansiedade: a perda do controle. Fizemos isso abordando as duas experiências <u>traumáticas de arremesso.</u> Primeiro, a perda de controle

---

[11] (n.t.) Uma rebatida que não é válida.

humilhante como receptor em um treino no princípio de janeiro e, em segundo lugar, o treino onde atingiu vários de seus colegas de equipe da Grand Valley State.

Como o trauma fica preso no cérebro e no corpo do atleta, meu objetivo era ajudar Calder a processar essas experiências perturbadoras e a diminuir sua ansiedade. Nos estágios iniciais desse trabalho não é incomum que as coisas piorem antes de melhorar. O processamento frequentemente traz à tona traumas esquecidos, o que temporariamente aumenta a ativação. Esse foi o caso na situação de Calder. Quando primeiro abordamos os dois incidentes gatilhos, sua ansiedade e a falta de confiança inicialmente aumentaram abruptamente. Entretanto, à medida que processamos algumas de suas primeiras lesões e ansiedades, as coisas começaram a mudar positivamente e seu nível de estresse diminuiu.

Como ocorre com a maioria dos atletas que nos consultam, o trabalho com Calder envolveu focar cada trauma, lidar com questões do presente e antecipar futuras situações que poderiam provocar ansiedade. Bastante ênfase é dada à experiência fisiológica do atleta durante o processamento. Como ele sente a experiência traumática e onde sente o trauma no corpo no momento da intervenção são críticos para nosso trabalho. Por que? *Porque as lesões físicas, que inconscientemente alimentam o yips, a ansiedade e os bloqueios são geralmente reveladas pelo corpo do atleta durante o processamento.* Calder levou um tempo para dominar esse processo de sair da cabeça e sintonizar com o corpo. Como ele mesmo descreveu: "Ser capaz de diminuir a voz na minha cabeça e reconhecer as pistas sutis em meu corpo é uma forma de arte".

Um exemplo de nosso foco no corpo são os micromovimentos. Calder foi orientado a reencenar seu movimento de arremesso, executado muito lentamente. Às vezes, pedimos a um atleta para reviver uma lesão dessa forma, recriando fisicamente os movimentos logo antes, durante e após o impacto. Quando um atleta faz isso, começa a notar espasmos reflexos, congelamentos e áreas de tensão em todo o corpo. Quando Calder percebia qualquer uma dessas coisas, deveria imediatamente manter a posição, focar atenção na sensação física e observar o processamento interno que se seguia. Por trás de muitos desses espasmos reflexos e congelamentos estão outros traumas esportivos esquecidos. Liberando-se desses traumas, o micromovimento torna-se cada vez mais fluído. O objetivo desse exercício é liberar-se profundamente da multiplicidade de bloqueios contidos silenciosamente no corpo.

O trabalho progrediu e Calder voltou para casa para passar o verão. Sua ansiedade havia diminuído, mas as coisas tinham melhorado apenas um pouco. Distante de seus técnicos e de colegas da Grand Valley State, conseguiu relaxar e seu arremesso melhorou gradualmente. Conseguia arremessar do montículo, mas era apenas uma sombra de si mesmo, o que o deixava arrasado. Inscreveu-se para jogar durante o verão e seu arremesso foi sofrível. Perdeu 16 km/h em sua bola rápida, com pouco controle, cedeu muitos walks e atingiu alguns rebatedores. A sensação da bola em sua mão era estranha e reflexamente a segurava com mais força. Essa preensão mortal causava um caos ao soltar a bola, fazendo com que a jogasse aleatoriamente, ora alto demais, ora enterrando-a no chão. Desde que se lembrava, a bola de beisebol fora como parte de sua mão e essa sensação estranha repentina tornou-se fonte de preocupação constante.

No final de julho, Calder submeteu-se a cirurgia para corrigir o dedo fraturado na mão que usava para arremessar. É importante salientar novamente que todas as cirurgias são vivenciadas como trauma físico e emocional para o cérebro e para o corpo e são armazenadas dessa forma. Consequentemente, esses efeitos precisam ser processados, como qualquer outra lesão. Usamos novamente micromovimentos, antecipando o trauma da cirurgia e depois processar seus efeitos. Em agosto, antes de voltar para o início de seu segundo ano, a mão de Calder estava 100% curada.

Quando voltou à Grand Valley State para jogar no outono, Calder e seus colegas, que também não estavam jogando em competições, tinham que fazer novamente o teste de seleção para o time. Na preparação, focamos sua ansiedade antecipatória. Apesar de Calder conseguir funcionar durante os 10 dias de testes, arremessou mal e foi cortado do time, juntamente com todos os demais, exceto por um dos outros que não estavam jogando.

Assim como em muitos programas de ensino médio e em universidades em todo o país, o processo de corte foi insensível e impessoal. Ninguém se deu ao trabalho de sentar com Calder e explicar a decisão do programa. Não fez diferença o fato de Calder ter sido recrutado com a recomendação de um olheiro do San Diego Padres, ou que sua habilidade se sobressaísse muito em relação à de outros calouros. Essa rejeição foi outro trauma emocional importante e o deixou sentindo-se devastado e desvalorizado.

Apesar da dor emocional e da frustração, Calder nunca pensou em desistir do beisebol. Isso apesar de estar arremessando esse tempo todo, sem saber, com um ombro lesado na época do futebol no ensino médio!

Quando alguém sofre uma lesão em qualquer parte do corpo, um reflexo natural de proteção é disparado ao redor do local da lesão, de modo a manter essa parte do corpo em segurança. No caso de Calder, a pressão sobre seu ombro direito disparava um impulso para "improvisar", ou para manter seu cotovelo direito próximo ao corpo. *Essa resposta de autoproteção opera fora da consciência do atleta e cria caos sobre a técnica e o controle.* "Estando a ponto de não conseguir mais arremessar", Calder inconscientemente respondia ao senso de memória da colisão de seu ombro direito. O ombro do lado que usava para arremessar dizia a ele, de forma a protegê-lo: "é perigoso jogar a bola".

Depois de ter sido cortado do time da Grand Valley State, Calder imediatamente começou a procurar outros times onde pudesse jogar. Logo depois, pediu transferência para o Grand Rapids Community College (GRCC), que dispunha de um dos melhores programas de beisebol universitário do país. Começou no GRCC na primavera de seu segundo ano e, apesar de seus problemas de controle e ansiedade não estarem tão ruins como no ano anterior, ambos ainda estavam presentes. Calder forçava-se a ir ao treino e continuava a treinar muito sozinho, numa tentativa desesperada de melhorar as coisas. A situação piorou logo antes da viagem do time para a Flórida, durante a primavera.

Calder estava arremessando para seus novos colegas de equipe na gaiola de rebatidas, quando sua ansiedade subitamente aumentou muito. À medida que seu nervosismo aumentou, sentiu-se claustrofóbico, de novo sentindo-se exposto como se estivesse em um aquário pequeno. À medida que ficou mais ansioso, o pouco controle sobre a bola evaporou-se e começou a atingir rebatedores. O técnico principal do GRCC, que era severo e da velha guarda, gritou com Calder na frente de todo o time, "Ei, K, sai dessa gaiola. Você é um grande covarde ou está machucado!"

Calder saiu, sentindo-se humilhado e foi em direção ao treinador para colocar gelo no ombro. Essa experiência fez com que mergulhasse em sua pior fase, assoberbado de desesperança e depressão. Depois de discutir a situação com seus pais, decidiu consultar um médico em relação a seu braço.

Calder foi atendido por um cirurgião que pensou que ele pudesse ter um ombro separado[12]. Calder buscou uma segunda opinião com um especialista em ombro, o renomado Dr. James Andrews, no Alabama. Andrews diagnosticou o problema como sendo uma ruptura do labro e recomendou cirurgia imediatamente, mas Calder não conseguiu que seu seguro saúde cobrisse os custos tão em cima da hora. Em vez disso, voltou pra casa e teve seu ombro reexaminado pelo médico que o tinha atendido após a lesão no futebol. Um mês mais tarde, o médico realizou uma cirurgia artroscópica e descobriu que o labro estava realmente gravemente rompido. Calder ficou chocado ao descobrir a gravidade de sua lesão, já que, há muito tempo, havia presumido que seus problemas de arremesso fossem puramente psicológicos. Continuamos a processar esses incidentes traumáticos, incluindo o colapso na frente do técnico do GRCC, a lesão do ombro e o trauma da cirurgia.

Até meados de outubro, Calder tinha se recuperado o suficiente para retomar os arremessos, mas era cedo demais para um retorno após uma cirurgia de ombro tão extensa. Como consequência, seu ombro direito foi sobrecarregado pelos arremessos e, sem perceber, rompeu o labro novamente.

---

[12] Ombro separado: distensão ou rotura de um ou mais ligamentos do ombro

Analisando retrospectivamente, essa segunda ruptura foi bem pior do que a primeira e Calder percebeu o rompimento como fraqueza e não como dor. Como resultado dessa lesão, seu ombro começou a subluxar (sair do lugar) sempre que arremessava em velocidade máxima. Isso aconteceu com regularidade, às vezes duas a três vezes durante uma sessão de arremesso, 30 a 40 vezes durante uma temporada. No entanto, seu ombro não estava deslocado e automaticamente voltava ao lugar.

Calder voltou ao GRCC para jogar na primavera, sem saber que ainda tinha um labro rompido. Como a fraqueza em seu ombro não era debilitante, conseguia funcionar bem o suficiente para não chamar atenção. Apesar de ainda ter a preocupação em perder o controle, seu trabalho em curso comigo ajudou-o a estabilizar sua ansiedade em um nível administrável. Mesmo com o ombro lesionado, conseguiu arremessar com controle e sem pânico. À medida que a temporada continuava e seu ombro continuava a sair e voltar para o lugar, sua fraqueza durante o arremesso piorou e ele começou a sentir uma dor que aumentava cada vez mais. Ao se dar conta de que havia algo errado, Calder voltou ao médico que tinha realizado sua primeira cirurgia no ombro. Dessa vez o cirurgião decidiu fazer uma cirurgia aberta para tensionar a cápsula articular do ombro de Calder. Quando o cirurgião abriu o ombro de Calder, descobriu que o labro estava gravemente rompido.

Durante o verão seguinte e após longa reabilitação, Calder ficou "95% bom". Conseguia arremessar novamente com controle e sem ansiedade. Sentia como se tivesse "renascido para o beisebol" e havia se livrado do pavor insistente que ficava em sua mente. Tínhamos processado de forma eficaz seus traumas antigos, bem como os atuais de seu ano tumultuado. Sentia-se bem consigo mesmo e tinha se matriculado no Aquinas College, uma escola membro da NAIA (Associação Nacional de Atletismo Intercolegial), para seu penúltimo ano de elegibilidade atlética.

Calder conseguiu completar a temporada de outono no Aquinas College sem lesões ou problemas de performance, mas antes do feriado de Natal, durante um treino no bullpen, Calder foi surpreendido por um barulho de algo se rompendo em seu ombro. "Soou como um galho de árvore sendo arrancado do tronco", ele disse. Quando continuou a jogar, seu ombro repentinamente se deslocou e ficou fora do lugar. Foi a pior dor que já havia sentido. Pouco tempo depois, o ombro voltou ao lugar, causando ainda mais desconforto. Ele voltou ao cirurgião, que sugeriu que ele modificasse o movimento de arremesso, não mais elevando o braço acima do ombro. Calder seguiu o conselho de seu médico por duas semanas e teve cinco ou seis deslocamentos dolorosos.

Surpreendentemente, mesmo com o ombro se deslocando, Calder não teve qualquer problema de controle. Fisicamente seu ombro estava muito pior do que antes, mas mentalmente ele estava calmo e focado. Nesse momento decidiu procurar uma segunda opinião e foi para fora do estado consultar com um grande especialista em ombro. O Dr. Craig Morgan atendia na região de Maryland-Delaware e era cirurgião de vários atletas profissionais de elite. Morgan era pioneiro em procedimentos de artroscopia no ombro e havia escrito os protocolos seguidos pela maioria dos cirurgiões de ombro. Quando examinou o ombro de Calder com artroscopia, descobriu que as duas cirurgias anteriores tinham sido muito mal feitas.

O Dr. Morgan operou o ombro de Calder - a terceira cirurgia em três anos. Calder passou os próximos três meses em reabilitação intensiva. Mesmo que a estimativa fosse levar 18 meses para uma recuperação completa, no meio do verão depois de sua última intervenção cirúrgica, Calder estava arremessando muito bem novamente, livre da ansiedade e com total controle. Continuou a trabalhar no fortalecimento dos músculos do ombro. Com essa cirurgia, bem como com todas as outras, nosso trabalho teve como objetivo ajudar Calder a processar quaisquer efeitos fisiológicos ou emocionais residuais.

Calder continuou a fortalecer seu ombro durante o outono e parecia estar finalmente indo na direção certa. Até o Natal, sua velocidade havia aumentado até um pouco mais de 80km/h e seu controle era "fenomenal". Parecia que estava novamente na direção de ser produtivo na universidade e teria uma chance de ser recrutado pelos profissionais. Nos últimos três anos, tinha ido ao inferno e voltado, tanto física quanto emocionalmente. Suas dificuldades o tinham afastado tanto de seus sonhos, que frequentemente se perguntava se algum dia encontraria seu caminho de volta. No processo, tinha passado por humilhação insuportável, três cirurgias e reabilitação. Como consequência de nosso trabalho, sentia-se "mais sábio, mais feliz, mais emocionalmente e socialmente competente".

Em fevereiro do ano seguinte, no entanto, começou a sentir fraqueza em seu braço de arremesso novamente, pela primeira vez em meses. Notou também que seu ombro estava fazendo barulhos de crepitação e estalos. Em resposta a isso, limitou o tempo em que arremessava com muita força. Durante uma dessas sessões de 10 minutos de arremessos, seu ombro direito se deslocou dolorosamente exatamente da mesma forma que antes. Calder soube, nesse momento, que seu sonho de beisebol havia acabado. Consultou seu médico local. Este avaliou que, apesar de a articulação ainda estar no lugar, os ligamentos do ombro tinham se afrouxado ou tinham se rompido novamente.

Calder se deu conta de uma coisa dolorosa, algo que sempre soube que talvez tivesse que enfrentar: se continuasse a arremessar, correria o risco de sofrer danos irreparáveis em seu ombro, que poderiam impedir seu funcionamento normal no dia-a-dia. Tomou a decisão sensata e aposentou-se como jogador, optando por permanecer com o time durante a temporada de primavera para ajudá-los.

Apesar de não haver um final "felizes para sempre", a experiência de Calder com seu yips de arremesso foi, em última instância, transformadora. "Na verdade foi a melhor coisa que poderia ter acontecido comigo, porque forçou-me a enfrentar minhas ansiedades. Se o beisebol não fosse tão importante para mim, poderia nunca ter lidado com nada disso." Calder estava significativamente diferente, sentindo-se mais calmo, feliz e muito mais equilibrado depois de suas experiências. Completou sua graduação e recentemente completou o mestrado em Psicologia. Seu plano é trabalhar com atletas e ajudá-los a superar o mesmo tipo de dificuldade de performance que viveu.

A história de Calder é um exemplo clássico da importância da saúde física e emocional do atleta na resolução efetiva dos PRPEs. No próximo capítulo, examinaremos o importante, mas frequentemente negligenciado conceito do atleta reconhecido como uma pessoa. Muito frequentemente treinadores, fãs e até mesmo pais focam excessivamente o resultado das performances do atleta e os problemas de performance específicos. Quando isso acontece, o atleta, como indivíduo único, que sente, sente-se muitas vezes perdido. O resultado final dessa despersonalização é que o atleta sofre ainda mais dano emocional e os problemas repetidos de performance continuam a piorar. A espiral progressiva para baixo da maioria do PRPEs não pode ser evitada até que aqueles que interagem diretamente com o atleta coloquem o bem estar do atleta em primeiro lugar.

Capítulo 5 - Problemas Repetidos De Performance No Esporte E O Atleta Como Pessoa: Não Sou Apenas Minha Performance De Atleta

Uma característica que distingue os grandes técnicos é que eles desenvolvem uma relação forte, *saudável* com seus atletas. Fica claro que esses técnicos *preocupam-se genuinamente* com o bem estar de seus jogadores, para além da performance. Isso inclui todos os outros aspectos da vida dos atletas fora da arena. Por exemplo, esses técnicos não estão interessados na questão acadêmica somente no que diz respeito à elegibilidade atlética. Preocupam-se sinceramente com o desempenho acadêmico de seus atletas, porque entendem o valor de uma boa educação. Esses técnicos querem que seus atletas tenham sucesso na vida, quando a carreira de atleta tiver terminado. Em resumo, preocupam-se com o jeito como seus atletas se sentem como pessoas e querem o melhor para eles.

Técnicos dessa estirpe enxergam seus jogadores *primeiramente como pessoas e só depois como atletas*. Entendem que seus atletas têm sentimentos, necessidades e sonhos que se cruzam e, às vezes, entram em conflito com o esporte. Sabem o valor de se estabelecer confiança com seus atletas e de se comportarem de maneira confiável. Também entendem a importância de estabelecerem um ambiente seguro para seus atletas, onde se sintam confortáveis para aprender e para correr riscos. Esses técnicos, intuitivamente, sabem que, com segurança, seus atletas podem verdadeiramente relaxar, focar e ter um desempenho ótimo.

Os melhores técnicos veem sua tarefa de forma mais ampla do que muitos de seus colegas. Entendem que seu papel é *ensinar habilidades importantes para a vida e produzir indivíduos saudáveis e bem ajustados; não apenas treinar atletas para se destacar e ganhar.* Muitos técnicos falam, da boca para fora, da importância de se preparar jovens para contribuírem com a sociedade, mas poucos são emocionalmente desenvolvidos e equilibrados o suficiente para fazer o que dizem e para adotar esse papel crucial. Os profissionais cuidadosos genuinamente mantêm o esporte em perspectiva, em seu devido lugar, e entendem que ele é uma metáfora para a vida; não a vida em si mesma.

Infelizmente, muitos técnicos perderam essa perspectiva e agem como se o resultado do jogo fosse a única coisa que importa. São indivíduos emocionalmente insensíveis, que colocam suas próprias necessidade à frente das necessidades dos atletas. Ganhar é a forma com a qual esses técnicos se avaliam e avaliam seus atletas. A preocupação deles com o resultado é alimentada pelo medo subjacente de não estarem à altura e consequentemente perderem o emprego ou a possibilidade de avançarem. Esse tipo de medo pode, geralmente, remeter às experiências pessoais desse técnico como atleta, incluindo sua história de trauma.

A maioria dos técnicos insensíveis seguem, sem saber, padrões específicos ao ensinar, ao tratar os atletas de forma dura, semelhante à que eles foram tratados décadas antes. Esse estilo durão é reflexo de uma mentalidade militar e representa grande parte do problema dos técnicos hoje em dia. Um grande jogo é comparado a uma *batalha*, onde ganhar e perder são igualados à vida e à morte. Os atletas são tratados como soldados que devem ser *tenazes, corajosos e endurecidos* para *sobreviver*. Além disso, esses *soldados* devem estar dispostos a sacrificarem-se e a sacrificarem seus corpos para o bem do time e para o sucesso da missão.

Felizmente, a competição esportiva *não é combate ao vivo* e os atletas *não são guerreiros armados* que devem seguir cegamente as ordens de um superior. Na batalha, os sentimentos e a sensibilidade de um soldado são totalmente irrelevantes, potencialmente uma distração mortal para a realização da tarefa em questão. Contudo, no esporte os sentimentos e as sensibilidades de um atleta são importantes e relevantes tanto para a performance do indivíduo, quanto para o resultado do seu time. Ignorar isso ao transformar um jogo competitivo em uma batalha de vida ou morte é um erro infeliz e danoso.

Para o técnico insensível, problemas no vestiário ou fora do campo são distrações irritantes que desviam a atenção da missão de vencer. As dificuldades acadêmicas do atleta interessam a esse tipo de técnico somente porque ameaçam diretamente o sucesso do time. Dessa forma, o técnico insensível usa abertamente os atletas para melhorar sua reputação.

Jogar, para esse tipo de técnico, é uma experiência desumanizadora, porque o atleta não é visto como um indivíduo com sentimentos, necessidades e com sensibilidades. Como resultado, o atleta corre o risco de trauma físico e emocional. É mais provável que o técnico insensível responda a uma lesão do atleta com suspeita e insensibilidade do que com interesse e empatia. Ele acredita que o atleta machucado *age como um bebê* ou *faz tempestade em um copo d'água* ou *tenta enrolar*. Como resultado dessa avaliação, o técnico pressionará o atleta a ser um *bom soldado*, a *passar por cima* e a *jogar de qualquer maneira, mesmo sentindo dor*. Essa atitude coloca o atleta em risco de outros traumas e de lesões mais sérias, que finalmente acabam por emergir como PRPEs.

Em 1995, o colunista esportivo do San Francisco Chronicle, Joan Ryan escreveu uma denúncia mordaz sobre o abuso físico e emocional no treinamento de ginastas e patinadoras de elite. Em Little Girls in Pretty Boxes, Ryan descreveu como um técnico que produzia ginastas ganhadoras de medalhas de ouro e sua esposa gerenciavam o que era chamado de "A Fábrica" em um ginásio no Texas. Pegavam jovens ginastas promissoras de todo os EUA, e sistematicamente extirpavam as *fracas*, *rebeldes* e *insossas* para criar um núcleo de Olimpianas em potencial. Sujeitavam essas meninas a abuso físico e emocional sob o pretexto de treinamento de alto nível. Exigiam subserviência total e monitoravam de perto a ingestão calórica das meninas, que chegavam ao ponto de passar fome. Usavam da coerção para "estimulá-las" a treinarem e a competirem mesmo quando machucadas; e usavam tanto de humilhação quanto de intimidação como instrumentos de treinamento.

Em 2008, Jennifer Sey, campeã nacional de 1986 e um dos *produtos* da Fábrica, escreveu uma denúncia sobre o abuso emocional e físico que ela e suas colegas de equipe sofreram em seu treinamento. Em Chalked Up, Sey criticou as medidas extremas praticadas por Bella e por Marta Karoli como sendo cruéis e desnecessárias para produzir campeãs.

Mesmo que os técnicos abusivos mostrem temporariamente sinais exteriores de sucesso, seus métodos impessoais têm custo elevado. Para cada ginasta que se torna uma Mary Lou Retton, inúmeras outras são descartadas ao longo do caminho, com corpos quebrados e psiques machucadas. Algumas acabam com transtornos alimentares graves e outras ficam tão deprimidas e massacradas que tentam suicídio. Muitas ficam com problemas físicos debilitantes causados por lesões crônicas e por atraso no crescimento resultante de longos períodos de excesso de trabalho e má nutrição.

Atletas que alcançam sucesso sob condições emocionalmente punitivas o fazem apenas de forma *limitada no tempo*. Podem chegar ao topo, mas tendem a não permanecer lá. O medo e a perda da humanidade podem alimentá-los apenas por um tempo antes que colapsem sob a pressão acumulada. Tanta importância social é dada a vencer que o público e mesmo alguns pais fecham os olhos ao abuso dos técnicos na corrida pelo **sucesso**.

Vários técnicos proeminentes de universidades são conhecidos por mudar completamente os programas e obter resultados surpreendentes em termos de vitórias em poucos meses. Com seu estilo abrasivo e maltratando seus jogadores, esses técnicos tendem a se desgastar rapidamente e a passarem para outro time. Deixam para trás os destroços psicológicos e físicos resultantes de sua abordagem desumana.

O atleta que sofre de um PRPE é mais vulnerável a esse tipo de técnico. Medo intenso é parte normal da ginástica olímpica e, consequentemente, vemos muitos atletas que não conseguem se mobilizar para realizarem alguns movimentos. Técnicos insensíveis têm pouca tolerância com ginastas que lutam com medos e bloqueios. Esses atletas que "têm problemas na cabeça" são forçados a prosseguir contra seus instintos, a executarem o movimento temido de qualquer jeito, ou são expulsos do ginásio.

Os PRPEs rapidamente esgotam a paciência e a criatividade para ensinar, já limitadas, do técnico que não se conecta. O técnico pressiona o atleta a superar o problema. Quando isso não acontece, rapidamente se volta contra o atleta. O técnico, então, ou manda o atleta para o banco ou faz dele um exemplo, humilhando-o na frente dos colegas como uma tática "motivacional". Esses técnicos desconhecem o impacto negativo de suas palavras e de suas ações sobre os atletas. Esse comportamento abusivo é vivenciado pelo atleta que tem dificuldade como um trauma adicional e sempre piora o PRPE.

O técnico insensível não é o único que se foca demais nas dificuldades de performance do atleta em detrimento de seus sentimentos. Mesmo técnicos bem intencionados, pais e psicólogos do esporte preocupam-se excessivamente com o problema de performance e perdem de vista o que é melhor para o atleta. Isso é compreensível, já que todos, incluindo o atleta, estão mobilizados em uma tentativa desesperada de solucionar o PRPE o mais rapidamente possível. Quando os adultos importantes de sua vida ignoram suas necessidades, o atleta é traumatizado novamente. Essa *despersonalização* é comum no mundo do esporte atual em todos os níveis. Quando ganhar se sobrepõe ao bem estar do atleta como pessoa, o atleta sempre sofre.

Essa importância super inflacionada atribuída ao resultado da performance reflete um dos problemas esportivos mais sérios que enfrentamos e alimenta a epidemia silenciosa dos PRPEs nos atletas atuais. Em nenhum lugar isso é mais claro do que no esporte profissional, onde a mídia e os fãs usam essa *lente estreita do resultado* para obsessivamente avaliar atletas. Assim, um atleta profissional é tão bom e de valor para o time quanto suas *últimas* performances. Quando um profissional contribui muito para a vitória de um time é tratado como herói por um público que o adora. Os fãs então enxergam o atleta como forte, magistral e mágico. O público atribui essas qualidades sem saber nada sobre o histórico, o caráter ou os valores do atleta. Se *nossos atletas* têm um bom desempenho, projetamos inúmeras características positivas nesses "heróis". Quando os atletas têm dificuldades ou uma fase ruim, no entanto, atribuímos a eles qualidades opostas. De repente, esses heróis agora são fracos, *preguiçosos ou sem talento*. Nossas projeções, alimentadas por nossa imaginação, tornam-se negativas. Assim como fortalecemos os atletas, cruelmente os destruímos. São agora *metidos, egoístas, ou têm problemas de cabeça* e não conseguem aguentar a pressão de competições. A mídia esportiva e os fãs então **diagnosticam** o que está errado com seus ex-heróis. Esquecemos que esses atletas são mais semelhantes a nós do que imaginamos. São, na verdade, seres humanos que pensam, que têm sensações e sentimentos; não autômatos desprovidos de sentimentos.

No verão de 2006, os fãs do New York Yankees e a mídia esportiva local voltaram-se contra Alex Rodriguez, que futuramente participaria do Hall da Fama e que era o jogador mais bem pago naquele momento. Durante a temporada de 2006, A-Rod era o líder em home runs, corridas impulsionadas, corridas completadas e rebatidas extra bases. Em 2004, sua primeira temporada jogando para o New York, tornou-se o jogador mais jovem a alcançar 350 home runs. Durante aquela temporada, rebateu 0,286 com 36 home runs, 106 corridas impulsionadas e 112 corridas completadas. Apesar da ótima temporada de A-Rod, no entanto, no American League Championship Series o Yanks perdeu para seu arquirrival, o Boston Red Sox, que avançou invicto para a World Series.

Em 2005, Rodriguez rebateu 0,321 e liderou a Liga Americana com 124 corridas, 48 home runs e 130 corridas impulsionadas. Ele ganhou o título de home runs da Liga Americana, participou do time All-Star e foi nomeado melhor jogador da Liga Americana. No entanto, nas eliminatórias contra o Los Angeles Angels, A-Rod rebateu apenas 0,133, sem conseguir fazer com que corredores completassem um home run na derrota do Yanks. Durante a temporada de 2006, A-Rod continuou com médias dignas do Hall da Fama, mas uma piora repentina em suas rebatidas, seguida de uma série de erros não-característicos (claramente PRPEs) parecia fazer com que os fãs se voltassem ainda mais contra ele. Nos playoffs, A-Rod ficou em 1 a 14, enquanto os Yanks perderam quatro jogos em seguida para o Detroit Tigers. Os fãs e a mídia esportiva foram, como era de se esperar, impiedosos em sua resposta, destruindo A-Rod por "não estar nem aí" para o time, por ser **mimado e por ser pago em excesso**, além de não ter a habilidade de dar conta do recado quando era mais importante. Essas acusações eram feitas apesar de as estatísticas provarem que Rodriguez era um dos melhores jogadores completos de sua era.

O interessante a respeito dessa história é o último capítulo. Foi revelado na primavera de 2009 que A-Rod usara esteroides e outras drogas para melhorar a performance. Apesar de ele afirmar que o uso tinha se restringido a um breve período quando jogava para o Texas Rangers, provas adicionais revelaram que ele usava esteroides desde o ensino médio. A questão dos esteroides aponta para o excesso de pressão a que esses atletas são submetidos para produzir e a ênfase excessiva sobre os resultados da performance. Isso leva atletas vulneráveis a buscar todos os recursos, mesmo que ilegais ou que ofereçam risco à saúde.

No esporte como na vida, não é possível definir alguém adequadamente simplesmente por sua performance no momento. Um atleta não pode ser avaliado com precisão pela dimensão estreita das performances atuais no campo. Os atletas são **seres humanos** e não criaturas unidimensionais definidas apenas por seus últimos resultados. Infelizmente, é exatamente assim que muitos técnicos, pais e fãs os avaliam. Boas performances definem os atletas como boas pessoas, ao passo que performances ruins os caracterizam como falhos.

Uma rebatida que leva à vitória, ou erro que custa o jogo não captura a essência do atleta como alguém que realiza uma performance ou como pessoa, mas quando pais e técnicos definem uma criança atleta pela qualidade de sua performance, ignorando os sentimentos e as necessidades dela, abusam da criança atleta, tornando-a ainda mais vulnerável a ter problemas psicológicos, principalmente PRPEs. Denominamos esse tratamento de jovens atletas abusivo, porque ignora os sentimentos de uma criança atleta e as subjuga aos sentimentos de adultos de modo emocionalmente traumático.

Essa visão unidimensional dos atletas como pessoas que realizam uma performance é frequente, mas inadvertidamente adotada por muitos psicólogos do esporte que trabalham com PRPEs. Isso ocorre porque o atleta, seus treinadores e seus pais demandam do psicólogo do esporte um único objetivo primário: **resolver** o problema de performance. A urgência de cumprir com essa tarefa rapidamente pode atrapalhar o psicólogo, deixando-o cego em relação ao que está acontecendo com o atleta como pessoa. Como o modelo comumente praticado de Psicologia do

Esporte foca o atleta como "alguém que executa uma ação", o mais importante fica perdido. Consequentemente, informações cruciais em relação às origens do PRPE e pistas importantes sobre como resolvê-lo também passam despercebidas.

A Psicologia do Esporte tradicional usa a abordagem cognitivo comportamental para ajudar o atleta com dificuldades a dominar seus problemas de performance. Nesse modelo, as dificuldades do atleta são vistas como resultantes do uso inconsciente de *estratégias mentais falhas*. Isto é, o foco do atleta durante a performance pode estar ruim, ele pode estar nervoso demais logo antes do jogo ou pode ser atormentado por um diálogo interno negativo em momentos cruciais durante a performance. De acordo com essa abordagem cognitivo comportamental, esses erros na forma de pensar precisam ser corrigidos para restaurar a performance do atleta a um nível ótimo.

Esse processo, em última instância, requer ajudar do atleta a aumentar a consciência de como ele contribui, inadvertidamente, para o problema e então ensinar estratégias mentais mais adaptativas. Psicólogos do esporte tentam entender o funcionamento mental falho específico do atleta e como estes podem contribuir para seu PRPE. Tentam ensinar ao atleta um conjunto de habilidades mentais que eliminarão o problema, substituindo um funcionamento mental ruim por um bom. Todo esse processo é conduzido no nível *consciente*, porque pressupõe-se que o PRPE está, em última instância, sob o controle do atleta. Como esse processo gira em torno das performances *atuais* do atleta, informações importantes de sua história não são exploradas. *Acreditamos de modo absoluto que essa informação ignorada contém os segredos tanto para compreender quanto para solucionar os PRPEs.*

Não há exemplo melhor disso do que o ex-receptor do Mets, Mackey Sasser que, como vimos no Capítulo 1, sofreu de yips de arremesso, que contribuíram para encerrar prematuramente sua carreira na Liga Principal. Sasser não conseguia jogar a bola de volta ao arremessador sem hesitar duas ou três vezes. Os corredores do time oponente sincronizavam as tentativas bem sucedidas de roubar bases ao movimento repetido do braço de Sasser. É notável que Sasser tenha consultado mais de 50 profissionais após o início do quadro de yips, incluindo psiquiatras, psicólogos, psicólogos do esporte e hipnotizadores. **Nenhum** desses profissionais jamais perguntou a Mackey sobre sua história de lesões ou sobre sua história pessoal de traumas. Em vez disso, todos focaram diretamente o problema superficial de arremesso e o que poderia ser feito para eliminá-lo. Como resultado, nenhum desses profissionais foi capaz de ajudar Sasser.

No caso de Mackey, assim como todos os atletas com quem trabalhamos, as histórias de traumas e de lesões continham as causas subjacentes do problema, junto com a chave para a resolução. Verificamos que não tomar tempo adequado para compreender as dificuldades de performance do atleta no **contexto mais amplo** de sua história de traumas físicos e traumas emocionais é um caminho certo para frustração e para o fracasso do tratamento. As raízes dos yips de Mackey vinham de seus traumas originados na infância e na adolescência, não apenas das lesões que sofreu jogando profissionalmente.

Às vezes, o PRPE de um atleta é o resultado **direto** das pressões e das expectativas colocadas sobre ele por técnicos e pais. O atleta pode ser pressionado a desempenhar em nível mais elevado e intenso do que ele mesmo aspira. Nessas situações, as necessidades dos pais ou dos técnicos deixaram para trás as necessidades da criança atleta. Por exemplo, um ginasta com quem trabalhamos tinha, inexplicavelmente, desenvolvido um medo incapacitante no cavalo com alças, num movimento que realizava sem qualquer esforço há anos. Seu medo misterioso o impedia de competir nessa modalidade e criava muito atrito entre o ginasta e seus técnicos.

Quando olhamos a história do ginasta, descobrimos que ele estava física e emocionalmente exausto devido a três anos de treinamento e competições ininterruptas. Não sentia mais prazer no esporte e começou a se questionar sobre o porquê de praticar esportes. Seu **bloqueio**, tomado no contexto de sua história **recente**, era simplesmente uma tentativa inconsciente de criar algum espaço psicológico e físico para si mesmo. O que ele desejava era dispor de tempo livre e uma chance para reavaliar o que *ele* realmente queria do esporte *dele*.

Restringir-se a examinar a história recente de treinamento e competições do atleta não nos dá informação suficiente para compreender o problema *completamente*. O caso seguinte ilustra a necessidade de se enxergar o atleta e seu problema de performance dentro do contexto mais amplo de sua vida pessoal.

Jeanne era uma amazona de 50 anos de idade, que retomou a equitação depois de um hiato de 33 anos. Seu problema atual era um medo incapacitante de machucar-se sempre que tinha aula ou tentava apresentar-se em competições. Quando Jeanne ia cavalgar no campo sozinha, ficava livre do medo. Ela tinha retornado ao esporte *depois* de ficar quase toda a vida adulta longe dele.

Seus medos e dificuldades de performance surgiram durante o terceiro ano após o retorno, dois meses depois de ter comprado seu próprio cavalo. Esse era o primeiro cavalo que ela adquiria desde os 13 anos de idade. Logo depois da compra, começou a ter intenso sentimento de culpa em relação ao cavalo, um bom animal.

Uma abordagem mais tradicional da Psicologia do Esporte em relação ao problema de Jeanne tentaria ajudá-la a entender como estava colocando *medo sobre si mesma* logo antes das aulas e das competições. O pressuposto seria o de que o medo dela era *gerado por ela mesma*, por seu mecanismo de pensamento, foco e diálogo interno logo antes das apresentações. Se ela tomasse consciência desses erros mentais, poderia então aprender a corrigi-los e assim a acalmar-se. Essa abordagem também orientaria Jeanne a observar como sua concentração e seu diálogo interno eram diferentes quando cavalgava sozinha. Desenvolver a consciência de como empregava, naturalmente, essas estratégias mentais *adaptativas* contribuiriam para que dominasse o medo. Jeanne aprenderia técnicas de relaxamento para usar antes das apresentações. Poderia também ser submetida a um processo de *dessensibilizarão sistemática* para ajudar a diminuir ainda mais seu medo. Para assegurar sucesso no futuro, enquanto estivesse sob pressão, um psicólogo do esporte orientaria Jeanne a usar o ensaio mental para que pudesse *praticar manter a calma*.

A partir dessa perspectiva, o problema de performance de Jeanne estaria no centro do palco e todo o tratamento teria como objetivo eliminar seus medos *no presente*. Infelizmente, tentar resolver seu problema dessa forma levou apenas a resultados *limitados* e *temporários*. Por que?

Porque o medo de Jeanne não era gerado conscientemente por seu foco de concentração ou por seu diálogo interno negativo. Eram apenas *sintomas conscientes* de traumas físicos e emocionais não-resolvidos do início de vida. *Não compreender a história de trauma de Jeanne é não compreender suas dificuldades com performance e sem essa compreensão, o sucesso na resolução de seu PRPE torna-se algo impossível.*

Isso ficou claro quando Jeanne aprendeu várias técnicas cognitivo-comportamentais de foco e de relaxamento para usar antes das competições. Apesar de saber o que precisava fazer para manter o autocontrole, *não conseguia usar as estratégias* porque os traumas subjacentes, responsáveis por seus medos, não tinham sido abordados. Esses traumas foram descobertos durante o levantamento de sua história pessoal e de traumas que é rotina e parte integrante de nosso modelo.

Jeanne era a mais velha de duas meninas, filhas de uma mãe alcóolatra, distante, mas controladora. Apesar de gostar de seu pai, Jeanne tinha pouco contato com ele, pois seu trabalho o mantinha longe da família por extensos períodos de tempo. Sua mãe a proibia de socializar-se com amigos. Muito de sua primeira infância foi passada isolada, exceto pelo tempo que ela passava no estábulo com os cavalos.

Quando Jeanne tinha 13 anos de idade, cresceu seu interesse em socializar-se, mas sua mãe recusava-se a deixá-la sair de casa, exceto para ir à escola. O único companheiro durante esse ano crucial em termos de desenvolvimento emocional e social era seu cavalo Alfie. De acordo com Jeanne, "Alfie era meu melhor amigo no mundo" e ela passava incontáveis horas cavalgando, cuidando e conversando com ele. Ele era o mundo dela.

Todos os técnicos de Jeanne comentavam sobre seu talento natural e o potencial para destacar-se na equitação, talvez alcançando um nível olímpico. Infelizmente sua mãe estava deprimida e auto absorvida demais para dar atenção à equitação da filha. Jeanne sentia que sua mãe a limitava deliberadamente durante o tempo que ela ficava no estábulo com Alfie.

Diagrama/Tabela 6
PSICOLOGIA DO ESPORTE TRADICIONAL
vs.
O SISTEMA GRAND

Abordagem Tradicional

Usa técnicas cognitivo-comportamentais (treino de relaxamento, diálogo interno e afirmações positivas, imagens, técnicas de concentração, reenquadramento, etc.)

Aborda sintomas conscientes (nervosismo excessivo, baixa autoconfiança, diálogo interno negativo e dúvidas, imagens negativas, concentração pobre)

Foca principalmente a performance do atleta

Leva a alívio parcial e/ou temporário dos sintomas

Abordagem do Sistema Grand

Usa o Brainspotting e técnicas centradas no corpo

Aborda as raízes físicas e emocionais únicas do problema dentro do cérebro e corpo do atleta

Foca primariamente o atleta como uma pessoa sua história única de traumas e, em segundo plano, a performance esportiva

Leva à resolução completa do problema de performance e dos sintomas conscientes, e ao aprimoramento da performance

Abordagem da Psicologia do Esporte tradicional vs Sistema Grand

Três incidentes, ao final do 13º ano de Jeanne, marcaram sua vida de forma dramática. Esses eventos plantaram as sementes de seu pânico de performance, que emergiu 30 anos depois. O primeiro evento envolveu seu técnico, que Jeanne descrevia como abusivo e frio. Sem que Jeanne e seu técnico soubessem, Alfie tinha sido comprado com uma lesão não-diagnosticada na perna, que o proprietário anterior tinha mascarado medicando o cavalo excessivamente. Após algumas semanas em seu novo lar, o cavalo começou a ter dores na perna, à medida que o efeito das drogas cedia. Devido ao desconforto, Alfie sacudia a cabeça toda vez que era montado. O técnico reagia a isso amarrando uma corda em volta do focinho de Alfie, que, quando puxada, evitava que o cavalo sacudisse a cabeça de forma perigosa.

Infelizmente, a corda aumentava a dor do cavalo, o que o levava a parar bruscamente e a empinar. Durante uma aula, Alfie, com dor, abruptamente parou na frente de um obstáculo. Jeanne não queria forçá-lo, sentindo corretamente que havia algo errado. No entanto, seu técnico ficou cada vez mais impaciente, gritando com Jeanne para puxar com força a corda em volta do focinho para forçar Alfie a baixar a cabeça e a pular. Jeanne, relutantemente, cumpriu o que ele mandou e Alfie empinou, desequilibrou-se e caiu em cima dela. Suas pernas traseiras então deram um coice e rasparam o capacete de Jeanne. Apesar de ter sofrido uma concussão leve, deixando-a atordoada, ela milagrosamente escapou de uma lesão mais séria.

A experiência foi extremamente traumática para Jeanne, mas não porque ela ficara tão perto de sofrer uma lesão grave na cabeça. Ela sentiu imensa culpa por forçar seu cavalo machucado a saltar apesar da dor, colocando Alfie em risco. Duas semanas depois, sua mãe, inesperadamente, anunciou que a família se mudaria para a Europa imediatamente, pois o pai de Jeanne tinha conseguido um novo emprego. A menina foi então informada que seu amado cavalo seria vendido. Quando se despediu de Alfie, poucos dias depois, Jeanne foi tomada por tristeza e medo com relação ao destino de seu melhor amigo depois que se mudassem. Quando a família partiu, disseram a Jeanne para jamais falar sobre Alfie novamente. "As crianças não deveriam ter sentimentos em minha família", ela explicou.

Jeanne passou seus 14 anos na Suíça, cavalgando duas ou três vezes por semana. Logo antes de a família retornar aos EUA, teve uma experiência traumática com seu técnico suíço. Apesar do acidente assustador com Alfie, ela não tinha desenvolvido medo de montar. Ao longo dos anos, tinha se tornado hábil em engolir os sentimentos. Um dia, no entanto, não conseguiu fazer isso quando seu técnico insistiu que ela enfrentasse um salto de 1,2 metros, uma altura que ela nunca tinha tentado antes. O técnico de Jeanne tornou-se progressivamente raivoso e abusivo à medida que seu medo surgiu e a imobilizou pela primeira vez. O técnico repentinamente deu uma chicotada no lombo do cavalo, forçando-o a pular sobre o obstáculo, carregando a menina aterrorizada. Jeanne ficou profundamente desapontada consigo mesma, pois esse incidente desfez a autoimagem de amazona relaxada e confiante.

Após retornar para casa, nos EUA, o pai de Jeanne ficou desempregado e mãe ficou deprimida, com ideação suicida. A família tinha menos dinheiro para a equitação de Jeanne e ela foi proibida de conseguir um emprego no estábulo para pagar os custos. Com o tumulto familiar e sua mãe mais controladora do que nunca, Jeanne desistiu de seu sonho de montar em competições. *Não montou um cavalo novamente até os 47 anos de idade. Quando finalmente retornou à equitação que algum dia amara tanto e comprou seu próprio cavalo, ficou confusa pelo medo e pela culpa que vieram à tona.*

À luz de sua história, o problema atual de Jeanne fazia sentido. Ajudamos Jeanne a trabalhar os traumas, incluindo sua queda com Alfie, o momento de ter que dizer adeus a "seu melhor amigo", o fato de ter perdido a coragem nas mãos de um técnico abusivo na Suíça e o impacto de longo prazo por uma mãe alcóolatra, fria e distante. Como resultado, o medo e a culpa de Jeanne começaram a ceder. *Quando o processamento desses traumas estava completo, Jeanne ressurgiu livre de culpa, capaz de montar com confiança e até de saltar em competições sem qualquer medo.*

Muitos pais, técnicos e psicólogos do esporte acreditam, erroneamente, que podem entender os PRPEs simplesmente examinando a história *recente* de performances do atleta. Pressupõem que deve haver uma relação direta entre o problema e algo específico que tenha acontecido *recentemente* ao atleta na quadra, no campo ou no ginásio. Apesar de ocasionalmente isso ser verdade, geralmente não é o suficiente para explicar o conjunto. É por isso que a história de trauma do atleta *tanto dentro, quanto fora de seu esporte* deve ser examinada de perto para compreender-se e resolver a dificuldade de performance.

Um último exemplo da necessidade de um atleta com dificuldades ser visto como uma pessoa com uma história de trauma pessoal é a história de Stacey, uma ginasta de nível 7, de 14 anos de idade. Ela nos foi encaminhada por causa de seu medo de fazer a reversão para trás na trave de equilíbrio. Stacey havia parado de realizar esse movimento dois anos antes. Mais recentemente, em duas outras competições, seu medo havia se espalhado para qualquer movimento para trás. A jovem ginasta estava aterrorizada com medo de cair da trave, bater a cabeça e sofrer uma lesão grave. Seu medo de realizar a reversão para trás tinha aparecido misteriosamente logo após ter dominado a movimento como uma ginasta de nível 5. Durante o aquecimento, o técnico de Stacey deu um pequeno apoio em suas costas nas primeiras vezes, mas quando Stacey foi fazer sua rotina na trave, entrou em pânico, dando-se conta de que teria que fazer a reversão para trás sem apoio. Apesar do medo intenso, conseguiu forçar-se a realizar o movimento. No entanto, quando colocou a mão direita sobre a trave, a mão escorregou e ela caiu. Um instante antes de sua cabeça bater na trave, Stacey conseguiu abaixar sua mão esquerda e se empurrar para longe da trave antes de se machucar. Esse quase acidente a deixou muito abalada, convencida de que, se tentasse outra reversão para trás, erraria e bateria com a cabeça na trave.

 Durante o ano seguinte, Stacey recusou-se a fazer o movimento. Nas raras ocasiões quando juntou coragem para tentar, invariavelmente acabava reforçando o medo ao cair. Entretanto, dois anos depois finalmente recuperou a habilidade de fazer a reversão para trás em um acampamento de ginástica e conseguiu executar isso confortavelmente durante a maior parte da temporada de competições. Uma semana antes de sua competição de final de temporada no nível 6, no entanto, inexplicavelmente começou a travar de novo. Seu medo tornou-se incapacitante. Desde aquela época, ficou aterrorizada demais para tentar o movimento.

 O medo de Stacey e a imobilidade a deixavam frustrada, porque a reversão para trás era um movimento básico que ela era capaz de executar, mas não importa o quanto tentasse, não conseguia fazer com que seu corpo fizesse o movimento. A história de trauma de Stacey no ginásio era relativamente limitada. Apesar de ter tido alguns quase acidentes, nunca havia sofrido uma lesão grave. Mais ou menos na época em que começou a travar de novo, ficou muito abalada devido a uma queda para trás nas barras. Além desse incidente e alguns outros quase acidentes assustadores, mas inofensivos, a ginasta nunca havia realmente sido traumatizada. Algo mais parecia alimentar seus medos.

    Quando olhamos a história de trauma de Stacey mais de perto, encontramos vários eventos significativos que acreditamos estariam alimentando seus medos inconscientes no ginásio. O pai de Stacey foi descrito como um homem física e emocionalmente abusivo, que abandonou a família quando ela tinha dois anos de idade. *Mais ou menos na época em que estava aprendendo a reversão para trás, sua mãe havia sofreu um aneurisma cerebral.* A caminho do hospital, disseram a Stacey para despedir-se da mãe. Ela ficou convencida de que sua mãe estava morrendo. Milagrosamente, a mãe sobreviveu. Stacey lembrava de *olhar para baixo para sua mãe inconsciente* logo antes de os paramédicos a colocarem na ambulância. Stacey *nunca tinha conversado com alguém*, nem com sua mãe, sobre seu medo intenso advindo dessa experiência. Foi somente depois que começamos a processá-lo, *dois anos e meio depois, que ela compartilhou isso pela primeira vez*. Um ano após o aneurisma, o tio predileto de Stacey faleceu, e sua lembrança da perda *era olhar para baixo e vê-lo no caixão aberto*, ao dizer-lhe adeus.

    À medida que processamos esses incidentes, tornou-se claro que boa parte dos medos de Stacey na trave estavam *inconscientemente conectados* ao trauma de quase perder a mãe. Esses medos foram alimentados posteriormente pela intensa preocupação de Stacey de que se ela batesse com a cabeça na trave, poderia também morrer como sua mãe quase tinha morrido. O caso de Stacey ilustra como as experiências traumáticas ficam congeladas no cérebro, incluindo as imagens, emoções, reações físicas e pensamentos negativos da experiência original. Como discutido anteriormente, quando um atleta é lembrado da experiência traumática original, ou está sob pressão, componentes do trauma são ativados inconscientemente e interferem com a performance atual. Isso foi o que aconteceu com Stacey quando ela *ficou de pé na trave e olhou para baixo*. Esse ponto de vista na trave ativou, inconscientemente, a imagem assustadora e a posição corporal de olhar para baixo tanto da sua mãe morrendo, quanto de seu tio morto.

Sem uma compreensão de como o cérebro armazena o trauma, bem como o conhecimento da história pessoal de Stacey, é impossível compreender a natureza de seu bloqueio na trave. Assim, sem ter as perdas como alvo e sem processar diretamente as raízes traumáticas de seu bloqueio, teria sido impossível ajudar Stacey a superar seu medo de executar a reversão para trás. Abordar seu bloqueio focando o medo e tentar ensinar técnicas conscientes para superá-lo teria sido como tentar parar um elefante ao ataque com o auxílio de um atirador de ervilhas.

No próximo capítulo, "A história de Amanda", vamos esclarecer mais a base traumática dos PRPEs e como a resolução desses bloqueios à performance requer o exame cuidadoso dos distúrbios físicos e emocionais específicos subjacentes. O caso de Amanda reflete por um lado as limitações da Psicologia do Esporte tradicional e o poder do Trabalho de Brainspotting na resolução dos bloqueios de performance no esporte, antes insolúveis por outro. Além disso, começaremos a apresentar o processo de cura que usamos com nossos atletas para ajudar a libertar seus cérebros e corpos dos efeitos debilitantes de lesões físicas e emocionais passadas.

Capítulo 6 - A História De Amanda: Superando medos incapacitantes

Nossa abordagem inovadora dos PRPEs pode ser ilustrada com a história de Amanda, uma ginasta de nível 9, bloqueada por medo. Foi o caso de Amanda que me convenceu (AG) do poder único do Trabalho de Brainspotting no Esporte na resolução de PRPEs.

Amanda era uma ginasta talentosa e esforçada, trazida por sua mãe. Os medos intensos tinham recentemente se espalhado para "tudo o que eu faço no ginásio". A atleta de 15 anos de idade era apaixonada pela ginástica, que tinha iniciado aos cinco anos, e sonhava conseguir uma bolsa de estudo em uma escola da Primeira Divisão. Era inteligente, auto motivada e orientada para o alcance de objetivos. Era descrita tanto por seu técnico, quanto por sua mãe, como uma perfeccionista que era dura consigo mesma quando as coisas davam errado.

Até atender a Amanda, eu fazia o que todos os psicólogos do esporte fazem: atacar, superficialmente, os medos, o diálogo interno e a concentração do atleta. Comecei focando o diálogo interno e a concentração *antes* e *durante* a performance. Em seguida ensinei técnicas conscientes para controlar os dois. Estava, sem saber, trabalhando com os *sintomas conscientes* do problema, em vez de abordar as **causas subjacentes**.

No passado eu havia tratado de atletas com bloqueios baseados no medo de se machucar, principalmente naqueles de esportes inerentemente perigosos, como a ginástica, a patinação no gelo e o salto ornamental, com pouco sucesso. Minha frustração, junto com minha crença de que eu estava deixando passar algo importante, levou-me a buscar por novas respostas. Finalmente descobri o trabalho de meu coautor com EMDR e TEPT. *A teoria dele era de que todos os PRPEs tinham base traumática.* Ele ensinava que, a não ser que essas causas mais profundas fossem abordadas diretamente e processadas, o atleta *não teria alívio duradouro*. Isso, intuitivamente, fazia sentido para mim. Tinha encontrado a peça que faltava para o quebra-cabeça da performance no esporte.

Como muitas ginastas de sua idade, Amanda teve sua cota de medos à medida que progredia de nível. Por um curto período no nível 6, teve medo de executar o salto mortal para trás no solo e não conseguiu executá-los por um mês. No nível 7, desenvolveu medo de executar a reversão para frente e para trás na trave, forçando-a a substituir esse movimento. No nível 8, travou subitamente no giro gigante nas barras assimétricas. Esse medo não fazia qualquer sentido até que se descobriu que Amanda sofria de pinçamento de um nervo no pescoço. Isso levou à perda de força em sua mão direita, tornando impossível segurar as barras enquanto balançava. Apesar do pinçamento ser corrigido, seu medo de giros gigantes persistiu e ela não conseguia mais nem tentar executá-los. Um acidente no outubro seguinte aumentou seu medo até um nível que poderia terminar sua carreira.

Amanda fazia straddle backs nas barras assimétricas durante o treino e sentia-se confiante (straddle back é um movimento de soltar a barra mais alta, voar para trás e pegar a barra mais baixa). Esse era o primeiro dia que Amanda praticava o movimento sem um colchão extra embaixo dela e logo na primeira vez sua execução foi perfeita. Apesar de a segunda vez ter sido instável, ela recuperou-se o suficiente para conseguir fazer. Na terceira tentativa, no entanto, algo de repente deu muito errado. Quando Amanda se balançou para a barra mais alta, sentiu que algo dentro dela estava errado. Ouviu uma voz em sua cabeça avisando: "Não vá!" e instintivamente decidiu não fazer o giro gigante. Ela girou no alto e começou a cair, percebendo, em pânico, que estava com impulso demais para conseguir interromper o movimento. Em vez disso ela voou por cima e nenhuma das mãos alcançou a barra. Amanda reflexamente estendeu os braços, preparando-se para o impacto.

A aterrisagem foi horrível, levando o ginásio inteiro a parar em silêncio. Amanda deslocou os dois cotovelos e fraturou seu braço direito em três lugares. A fratura demandou cirurgia extensa, e se questionou seriamente se Amanda algum dia poderia praticar ginástica novamente. Somente após 9 meses e muitas horas doloridas de fisioterapia ela foi liberada pelos médicos para voltar ao ginásio. Psicologicamente, no entanto, as dificuldades de Amanda estavam apenas começando.

Quando foi liberada para voltar ao ginásio sem restrições, Amanda foi imediatamente tomada por medos. Estava extremamente hesitante nas barras. Seus medos e relutância estenderam-se para a trave, o solo e para qualquer coisa que envolvesse o movimento para trás. Durante seu processo de reabilitação e por meses após retornar ao ginásio, usou técnicas tradicionais de Psicologia do Esporte que encontrou em dois livros meus publicados anteriormente. Por meio de muito trabalho e tenacidade, aos poucos começou a dominar seus medos e gradualmente recuperou os movimentos "perdidos". Em outubro seguinte, um ano após o acidente, tinha controlado os medos e executava consistentemente todos os movimentos. O técnico de Amanda relatou que ela tinha dado grandes passos mentais e havia vencido as adversidades com uma volta surpreendente.

Em uma observação superficial, pode-se ficar maravilhado com a volta milagrosa de Amanda e celebrar isso como "um final feliz" para um tormento doloroso. Os medos dela tinham sido domados com sucesso e sua tenacidade mental, aprimorada pelo uso disciplinado de técnicas consciente de Psicologia do Esporte, a tinham ajudado a estar em forma como antes do acidente.

Infelizmente, o "triunfo" corajoso de nossa ginasta, acabaria por ser *temporário*, na melhor das hipóteses. Por que? As causas subjacentes ao medo e os bloqueios de performance de Amanda, seus traumas físicos e emocionais passados não tinham sido abordados. Quando o problema de performance de um atleta não está mais visível, isso não significa que tenha sido resolvido. Amanda sofria de TEPT *esportivo*, mas ela, seus técnicos e seus pais não faziam a menor ideia disso.

Em dezembro, na véspera de sua temporada de competição no nível 9, Amanda executou um parafuso duplo no solo, um movimento no qual *jamais* sentira medo. Inexplicavelmente, ela congelou no meio do round off[13] e aterrissou com força sobre as costas. Apesar de ter apenas ficado sem ar, ficou muito abalada e amedrontada demais para tentar de

---

[13] (n.t.) Movimento semelhante a uma estrela, mas com os dois pés chegando ao chão ao mesmo tempo. Usado para preparar a realização de outros saltos.

novo naquele dia. Todo o trabalho árduo investido em domar seus medos e em reagir mentalmente foram apagados em um instante. Poucos dias depois, Amanda teve um pesadelo no qual reviveu seu acidente nas barras. O pesadelo era um flashback clássico, comum aos que tem TEPT, apesar de flashbacks normalmente ocorrerem quando a pessoa está acordada. Amanda se viu fazendo um tumbling pass[14] no solo, brigando com uma voz em sua cabeça que a advertia para não ir, quando uma ginasta jovem cruzou inesperadamente seu caminho. No sonho, Amanda pulou de lado para evitar a colisão. Ela estendeu os braços, preparando-se para a queda e no impacto quebrou os dois braços.

Amanda acordou do sonho com um susto, tremendo incontrolavelmente. Levou mais de uma hora para conseguir se acalmar e adormecer novamente. Quando finalmente pegou no sono novamente, seu pesadelo continuou. Amanda agora estava na trave, executando a segunda pirueta para trás de uma combinação e as duas mãos erravam a trave. Antes de a cabeça dela bater na trave ela acordou apavorada, notando que os dedos dos pés estavam dormentes. Amanda olhou fixamente para o teto em estado de pânico, escutando seu coração bater fortemente. Levou um tempo para dar-se conta de que fora *apenas* um sonho, pois a experiência parecia tão real. Essa confusão entre realidade e imaginação é um indicador de que a experiência foi um flashback clássico. Amanda ficou com medo demais para voltar a dormir pelo resto da noite.

Os pesadelos vívidos abriram as comportas de seus medos. Todas as dúvidas e medos que tinha se esforçado tanto para superar inundaram sua consciência novamente com força avassaladora. Em resposta a esse pânico, Amanda, sem perceber, entrou em um estado de congelamento tão comum aos sobreviventes de traumas. Foi ao ginásio no dia seguinte, mas estava com pavor demais para tentar qualquer coisa. Seus medos instantaneamente espalharam-se até mesmo para os movimentos mais básicos em todas as modalidades. Havia muito pouco que ela conseguisse fazer sem medo de que fosse se machucar gravemente de novo. Saiu mais cedo do treino, desanimada e aos

---

[14] (n.t.) Sequência de saltos terminando em um mortal

prantos. O dia seguinte não foi melhor e terminou da mesma forma.

O pânico de Amanda foi exacerbado pela proximidade do cronograma de competições e por sua impaciência consigo mesma. Como conseguiria competir sentindo-se assim? Como poderia alcançar as metas elevadas que havia se colocado nessa temporada? Tentou preparar-se para ser forte e simplesmente enfrentar tudo, mas outra parte dela não se movia nem um centímetro! As técnicas mentais que havia empregado com sucesso para reprimir seus medos eram agora completamente ineficazes. Amanda não conseguia impedir que seu cérebro reprisasse as imagens vívidas dos "e se...", as piores coisas que aconteceriam com ela, caso se decidisse executar qualquer movimento. As imagens eram misturas de fantasia com aquelas de seu acidente original e a assombravam durante todo o dia.

Os medos de Amanda aumentaram muito e começou a ter dificuldade em ir para o treino. Seus técnicos não tinham a menor ideia de como ajudá-la. Não conseguiam nem que ela fizesse os exercícios preparatórios básicos. Amanda estava distraída na escola, pois sua mente estava acelerada com medo e com sua incapacidade de dominá-lo. Parou de comer e tinha dificuldade em dormir. A desesperança instalou-se e, pela primeira vez na vida, Amanda pensou em deixar o esporte. Foi então que a mãe dela me contatou.

A história de Amanda é parte de uma "epidemia silenciosa" que descobrimos em todos os esportes, mas a ginástica é um esporte único, onde o medo é parte integrante do processo em si. Esse medo tem três origens. Em primeiro lugar, em quase tudo o que os atletas fazem no ginásio, estão pedindo a seus corpos que façam o que não é natural, desafiando a gravidade. Os seres humanos não foram desenhados para correr em velocidade máxima e para se jogarem no espaço, contorcendo-se e virando em múltiplas rotações. Como espécie, nos sentimos naturalmente confortáveis com os pés firmemente plantados no chão. Consequentemente, sempre há medo presente no processo de desafiar a gravidade, principalmente se seu objetivo é o de jogar-se para trás nesse processo.

Em segundo lugar, existe perigo real e presente de lesão física diariamente no ginásio. À medida que uma ginasta ascende os níveis, o grau de dificuldade aumenta, bem como as chances de sofrer uma lesão e um trauma emocional.

Em terceiro lugar, é impossível aprender novos movimentos e melhorar movimentos antigos sem cometer erros. Isso é crucial para o processo de aprendizagem, pois oferece feedback ao corpo do atleta sobre o que saiu errado e o que precisa ser feito de forma diferente da próxima vez.

Na ginástica, obter esse tipo de feedback pode ser física e emocionalmente traumático. Escorregões e quedas podem assustar ou machucar uma ginasta. Ao longo de uma carreira, esses erros acontecem diariamente. Toda queda, independentemente da gravidade, seja no treino seja na competição, se acumula no corpo do atleta. Apesar de a maioria dessas quedas serem deixadas de lado e esquecidas pelo atleta, a memória corporal permanece. Quando uma memória corporal é deflagrada por pressão, quedas, ou quase acidentes, pode surgir um medo ou um bloqueio de performance, emergir aparentemente de lugar nenhum.

Por causa da natureza do esporte, o medo é companheiro constante da ginasta de competição. Seja medo de soltar a barra, de um movimento para trás, um novo cavalo, ou uma saída, o surgimento inesperado de um medo ou bloqueio pode acabar com a alegria de um atleta, deixar um técnico perplexo e confundir os pais do atleta. Como podemos ver com Amanda, o medo pode retraumatizar a ginasta e a fazer congelar. O medo é uma das principais razões que levam atletas talentosos a abandonarem precocemente esse esporte.

Superficialmente há uma estratégia básica para superar qualquer medo: confrontar a coisa da qual você tem mais medo repetidamente e seu medo diminuirá. A evitação, ao contrário, alimenta nossos medos, fazendo com que eles se intensifiquem e se alastrem. Quanto mais forte o medo, maior a tendência a evitá-lo. Dessa forma, a evitação dá início a um ciclo crescente de medo que aumenta cada vez mais. No entanto, entender intelectualmente como funciona esse ciclo do medo não é o suficiente, isoladamente, para interrompê-lo. Saber que temos que enfrentar nossos medos, não facilita fazê-lo. Quando os medos são alimentados por traumas subjacentes, como frequentemente o são, tentar esforçar-se conscientemente a se mover em direção a eles torna-se impossível. Por que é assim?

Quando uma atleta foi física e emocionalmente traumatizada, como no caso de Amanda, seu corpo lembra de toda a experiência nos mínimos detalhes. As imagens, sons, sensações físicas e até mesmo os cheiros do trauma ficam presos no cérebro e no corpo da atleta. Quando uma atleta é exposta a um lembrete, geralmente inconsciente, do incidente original, as sensações do trauma são deflagradas, interferindo com a performance atual. Foi isso o que aconteceu quando Amanda caiu no meio de seu parafuso duplo. A queda deflagrou memórias corporais de seu acidente nas barras no ano anterior, e todos os medos antigos retornaram com toda a força.

Como o trauma original ainda está "preso" no cérebro e no corpo da atleta, ele automaticamente funciona em modo de autoproteção. O cérebro e o corpo respondem como se a atleta ainda estivesse na mesma situação de perigo físico em que se encontrava no momento da lesão. É impossível para a atleta eliminar esse reflexo poderoso de autoproteção. É por isso que Amanda encontrou-se impotente diante de seus medos e incapaz de forçar-se a tentar qualquer movimento. Sua resposta inata de autoproteção não permitia que ela se expusesse a mais riscos.

A história de lesões de Amanda era mais limitada do que a de Calder, o arremessador universitário discutido no Capítulo 4. Apenas dois eventos fisicamente traumáticos significativos formavam a fundação das dificuldades de performance de Amanda. O primeiro foi a grave queda que sofreu nas barras. O segundo, um nervo pinçado no ombro, tinha ocorrido 11 meses antes. Apesar de essa lesão não ser um evento traumático significativo, a perda de força na mão resultando disso tornou impossível para ela balançar-se durante o giro gigante.

Inicialmente, as queixas de Amanda de que não conseguia segurar a barra e o medo de cair foram vistos como uma questão psicológica menor em relação a esse movimento. No entanto, quando ela acordou uma manhã sem qualquer sensação em sua mão e braço direitos, seus pais deram-se conta de que algo físico estava ocorrendo e de que ela não tinha força para segurar a barra. Um programa de dois meses de fisioterapia corrigiu esse problema de modo que ela pode recobrar a força de preensão. Apesar disso, o medo do movimento permaneceu.

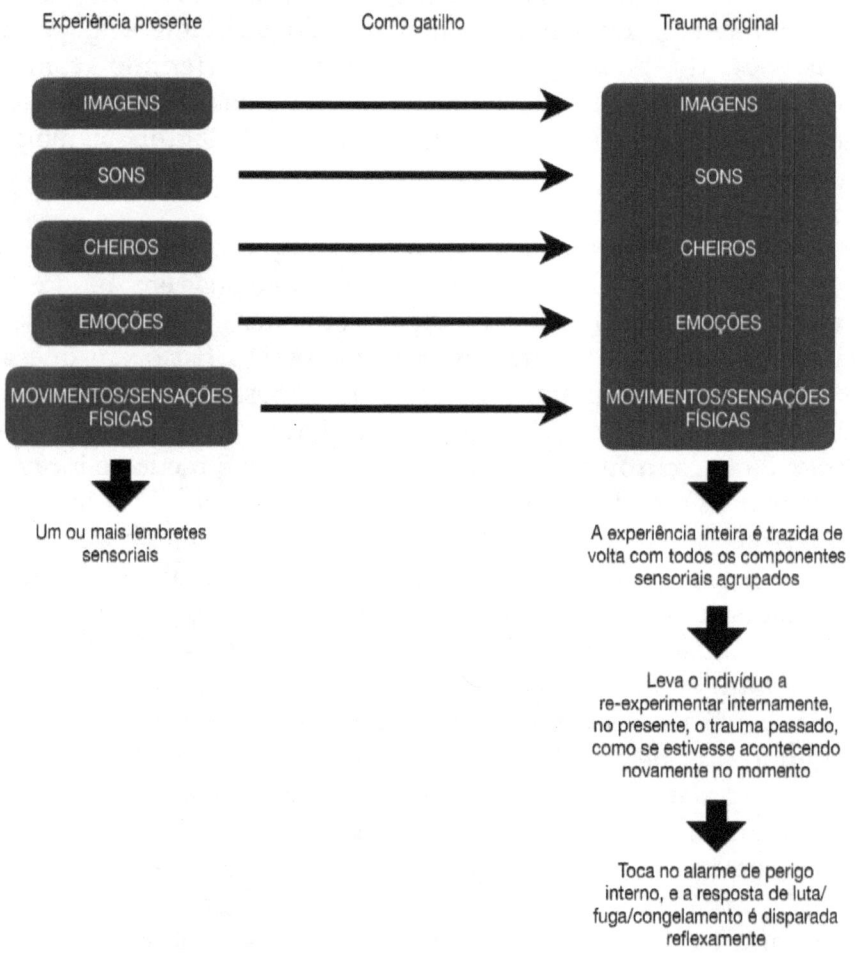

Diagrama/Tabela 7
COMO UM TRAUMA PASSADO É REATIVADO NO PRESENTE

Como os traumas são reativados

Não é apenas a história de lesões no esporte que torna a atleta mais vulnerável ao surgimento de um PRPE. Também tem relação com a sintonia fina da atleta com seu corpo e a sensação de que algo pode estar errado. A voz na cabeça de uma ginasta que diz: "Não vá" é, frequentemente, mais uma voz de *sabedoria* do que de medo, sentindo corretamente que algo não está bem lá dentro.

O medo de Amanda das barras também era alimentado, inconscientemente, por várias outras quedas menos graves. Essas ocorreram quando ela estava aprendendo a reversão para frente e para trás na trave, um movimento do qual ela teve medo desde o começo. Tinha certeza de que iria colocar os pés fora da trave, e machucar-se gravemente. Nada tinha acontecido com ela antes e nunca tinha testemunhado nenhuma ginasta cair *nesse* movimento. No entanto, dois meses antes do pinçamento do nervo, Amanda tinha visto uma amiga próxima bater com o rosto na barra durante a saída, quebrando o osso malar. Imagens vívidas disso tinham permanecido com ela.

Apesar de Amanda estar paralisada por seus medos e de eles terem se generalizado a todas as modalidades, seu tratamento era relativamente objetivo. Isso devido a três fatores. Primeiro, sua história de trauma não era extensa. Apesar de seu acidente nas barras ser tão traumático, era um evento isolado (se um problema de performance resulta de um único trauma, é geralmente muito mais fácil trabalhar do que com múltiplos traumas).

Segundo, a habilidade da atleta de superar seu problema é influenciada pela atitude do técnico. Aqueles que respondem aos problemas repetidos de performance com impaciência, humilhação e abuso emocional traumatizam o indivíduo ainda mais. Isso *sempre* faz com que o PRPE seja mais difícil de tratar e complica o processo de tratamento. Felizmente, Amanda tinha uma técnica bondosa, que a apoiava, genuinamente interessada em seu bem estar emocional e físico. A técnica não personalizava as dificuldades de Amanda como um reflexo de sua própria inadequação como técnica; recebia bem minhas sugestões em relação a como ajudar Amanda a navegar pelas águas de seu medo incapacitante.

Terceiro, Amanda não sofria de nenhum problema psicológico subjacente. Ajudar uma atleta a trabalhar seus medos e bloqueios é mais complicado se o indivíduo é clinicamente deprimido ou se tem um transtorno de ansiedade. Se uma atleta sofre de depressão ou de um transtorno de ansiedade, será mais vulnerável a desenvolver um PRPE e o processo de trabalhar isso será mais complicado e demandará mais tempo.

A maior vulnerabilidade de Amanda era seu *perfeccionismo*. Ela carregava expectativas elevadas e era dura consigo mesma toda vez que não as alcançava. Quando não conseguia cumprir as expectativas irrealistas, Amanda às vezes sentia-se desanimada e sem esperança. Sua impaciência e raiva autodirigida eram provocadas pelos prazos que se impunha para superar seus medos a tempo para a próxima temporada de competições. Infelizmente esse tipo de pressão sobre si mesma leva à impaciência e à frustração em não alcançar os objetivos ou prazos e pioram o problema. No capítulo 7 discutiremos como expectativas em relação à performance tensionam o atleta física e mentalmente.

Como perfeccionista que era, Amanda ignorava os pequenos progressos que teve no início de nosso trabalho. Em vez disso, focava no fato de ainda ter medos, ou em sua inabilidade para executar *todos* os antigos movimentos. Isso lhe dava um quadro negativamente distorcido de seu real progresso. Depois de nossas primeiras sessões, Amanda começou a sentir-se mais relaxada no ginásio. Tentou movimentos que temia e foi mais agressiva na execução deles. Sua técnica notou essas mudanças significativas na condição de Amanda. Como seus medos a impediam de executar movimentos que precisava para a temporada seguinte, no entanto, Amanda desvalorizava seus progressos: "Se eu não consigo fazer esses movimentos agora, então estou perdendo meu tempo!" Essa abordagem do tipo: "tudo ou nada" gerava frustração e raiva de si mesma.

Para combater seu perfeccionismo, Amanda precisava aprender a ser uma técnica interna mais gentil consigo mesma. A *auto empatia* é uma atitude necessária para o sucesso no esporte. Isso é especialmente importante para aqueles lidando com PRPEs. A auto empatia é a habilidade de conter o eu crítico, e substituí-lo por auto compreensão, auto aceitação e perdão. Esses são antídotos contra o perfeccionismo. Responder dessa forma cria uma sensação de segurança que é vital para superar o medo e os bloqueios. Quando respondemos, como Amanda fez, com auto ataque, aumentamos nossa insegurança. Essa resposta interna excessivamente crítica tem efeito semelhante a um técnico externo abusivo.

Nas sessões iniciais de Amanda, focamos em diminuir seu pânico no ginásio. Reduzimos o medo de machucar-se novamente, processando seu acidente nas barras assimétricas. Usamos técnicas avançadas de tratamento de trauma, como o Brainspotting, para processar sistematicamente os componentes debilitantes de cada um de seus traumas armazenados. Como resultado, não ficava mais perturbada toda vez que era exposta à arena de performance.

Amanda estava claramente sofrendo de TETRE. A ansiedade que interferia na performance era resultado de, *inconscientemente, entrar novamente dentro* de sua experiência assustadora original. Nosso processo de tratamento tem como objetivo ajudar Amanda e outras atletas como ela, a estabelecer distância emocional e corporal dos traumas esportivos.

Um dos elementos que processamos é a ansiedade antecipatória, o medo de que *"AQUILO"* aconteça novamente. Dependendo do indivíduo, o "aquilo" pode referir-se a uma lesão, a arremessos erráticos no montículo, a bater na prancha em um salto, a atrapalhar-se novamente na hora de defender um gol, ou a simplesmente ser humilhado. No tratamento com Amanda, processamos, sistematicamente, seu medo antecipatório de se machucar novamente até que ele se dissipasse completamente.

Trabalhamos com ansiedade antecipatória, pedindo à atleta para ativá-la, imaginando seu pior medo do que poderia acontecer. Isso traz à tona o medo inconsciente ao elevar ao máximo o nível de perturbação da atleta. Uma vez alcançado isso, pedimos à atleta para identificar com precisão onde sente a ativação no corpo. Localizamos, então, a posição ocular que corresponde à maior ativação.

A teoria por detrás disso é que a posição ocular conecta-se diretamente com o local onde certos traumas são contidos no cérebro. Encontrar esses locais nos possibilita trabalhar mais diretamente para liberar a ativação em torno do trauma. Acrescentamos o som bilateral, a ser discutido no Capítulo 9, e então processamos sistematicamente a ativação no corpo da atleta.

Foi assim que trabalhei o medo antigo de Amanda da reversão para frente e para trás. Seu medo era o de errar a trave e de cair pela lateral do aparelho. Quando se colocou mentalmente nessa situação, Amanda sentiu um medo súbito pulsar em seu corpo. À medida que continuamos o processamento, esse medo diminuiu gradualmente até que não conseguia mais ativá-lo. Amanda conseguiu, então, imaginar-se fazendo as reversões na trave *sem qualquer ativação*. Quando se imaginava errando, "via" o pé escorregando pelo lado da trave, sem causar qualquer problema.

À medida que continuamos, os medos de Amanda de se machucar novamente se dissiparam. Progressivamente recobrou suas habilidades perdidas. Continuamos a estrategicamente colocar como alvo do processamento cada um de seus traumas passados, incluindo os pesadelos e os medos de movimentos específicos. O nível de confiança de Amanda no ginásio continuou a aumentar. Apesar de seus medos periodicamente se reacenderem, não mais a paralisavam e eram rapidamente processados.

Dois meses após o início de seu tratamento, Amanda participou de sua primeira competição. Tirou primeiro lugar geral! No mês seguinte, foi para a competição Estadual, na esperança de qualificar-se para a competição Regional. Durante as primeiras três ou quatro modalidades, manteve-se focada e relaxada e teve uma boa performance. As barras paralelas eram sua última modalidade e ela sentia-se confiante. Infelizmente, Amanda teve que esperar um longo tempo entre o aquecimento e sua vez de competir. Durante esse tempo, sentiu-se intimidade pela rotina de algumas outras competidoras. Como resultado, se desconcentrou e caiu das barras no movimento de entrada, uma parada de mãos. Recuperou-se rapidamente e o resto da rotina foi perfeita, incluindo seu voo para trás, movimento no qual ela tinha se machucado gravemente no ano anterior. Quando foi realizar a saída, no entanto, inexplicavelmente congelou e não conseguia soltar a barra. Como resultado, sua pontuação nas barras não foi alta o suficiente e ela acabou, por pouco, ficando fora da equipe regional.

    Um breve retorno de um antigo problema não é incomum nesse tipo de trabalho. Depois de processar mais a experiência e seu desapontamento, Amanda conseguiu rapidamente executar a saída das barras sem dificuldade. Durante o ano seguinte, Amanda continuou a melhorar e foi exposta a traumas (vendo outras ginastas se machucarem e machucando as costas em uma queda) e processamos essas experiências. Em março, na competição estadual, qualificou-se para a regional. *Em competições maiores, Amanda participou com sucesso em todas as quatro modalidades, obtendo segundo lugar geral na competição.*

    Nosso objetivo, no entanto, não é simplesmente remover o medo ou bloqueio de performance da atleta. Além disso, queremos que a atleta se torne mais resiliente do que antes do início de suas dificuldades. Nosso objetivo é ajudar a atleta a consistentemente atuar em nível mais elevado. As mesmas técnicas que removem os bloqueios podem ser usadas para expandir a performance significativamente, principalmente para a atleta que já tem um bom desempenho.

    Como mencionamos na Introdução, estar relaxado antes e durante a performance é um pré-requisito para o sucesso, independentemente do tipo de esporte. Sem a habilidade de manter a calma sob pressão, mesmo as competidores mais talentosas e bem preparadas vacilam. Ajudamos atletas a desenvolverem essa habilidade de manter a calma de forma muito diferente do que os psicólogos do esporte tradicionais. Eles ensinam as atletas técnicas específicas de relaxamento, autohipnose, treinamento de controle da respiração e imaginação guiada.

    Às vezes, integramos essas estratégias tradicionais aos nossos métodos poderosos e focados. Em nosso modelo de Trabalho de Brainspotting no Esporte, ajudamos a atleta a descobrir sua capacidade inata de relaxar. Por exemplo, Amanda espontaneamente acessava uma imagem de estar em uma banheira quente, sentindo-se relaxada. Essa imagem estava associada à cor amarela. As duas eram utilizadas por Amanda *sozinha*, sempre que precisava sentir-se calma e relaxada. Ela levou esse **recurso de relaxamento** um passo adiante e encheu seu quarto com a cor amarela que a acalmava. Sempre que ia ao treino ou a competições, usava a imagem e a cor tanto para acalmar-se quanto para expandir sua performance. Isso era reforçado ainda mais pelo som bilateral.

    No próximo capítulo, vamos examinar outro pedaço do quebra-cabeças dos PRPEs: ***as expectativas de performance***. As expectativas aatleta, do técnico e dos pais alimentam uma variedade de problemas de performance. Quando não abordadas, podem aprisionar as atletas irremediavelmente. As expectativas em relação à performance podem também tornar o processo de tratamento mais lento. Isso ocorreu com Amanda quando suas próprias expectativas sobre a velocidade de sua recuperação impediram nosso trabalho. Foi só depois que aprendeu a manter as expectativas controladas que fez progressos que a trouxeram de volta e a levaram a um nível mais alto.

Capítulo 7- De Quem É Esse Esporte Afinal? O dano causado pelas expectativas do atleta, dos pais e do técnico

Danny completou o segundo ano do ensino médio muito estimulado. Tinha construído seu caminho do banco a armador, levando seu time às semifinais estaduais. Foi nomeado para o time All Star da conferência, bem como recebeu menção honrosa no campeonato estadual. Sua média foi de 14 pontos, 5 rebotes e 4 jogadas roubadas. Amadureceu, tornando-se ótimo em armar jogadas, e líder de equipe. Logo atraiu o interesse de programas da Primeira Divisão. Nas competições de final de temporada, o técnico expressou grandes expectativas em relação a Danny para a temporada seguinte e para o futuro. Disse que, com Danny coordenando o ataque, o time tinha uma chance de ganhar seu primeiro título estadual.

Danny entrou para a temporada da AAU (União Atlética Amadora) com entusiasmo e com compromisso renovado. Começou a acreditar que poderia competir em um nível mais alto. Era assíduo na sala de musculação e corria 6,5 km cinco dias por semana para alcançar o máximo de condicionamento para seu primeiro ano na universidade. Queria provar para seu treinador e para os olheiros, que tinha o talento necessário para ser um grande armador na universidade.

Apesar de seu entusiasmo e dedicação, algo não estava bem com Danny nas temporadas de primavera e de verão da AAU. Jogava bem nos treinos, mas não era o mesmo jogador durante os jogos. Não estava tão afiado quanto na temporada anterior, perdendo a bola com frequência e cometendo erros bobos. Nunca sentia que seu arremesso estava bom e não conseguia fazer pontos quando necessário. Como resultado, Danny redobrou seus esforços. Cartas de recrutamento e e-mails pingaram durante a primavera e o verão, lembrando Danny do quanto estava em jogo. Nos testes de seleção em novembro, Danny estava determinado a mostrar sua capacidade, mas abrigava preocupações que cresceram no outono. Apesar de estar em ótima forma, Danny estava mais lento na quadra e demonstrava problemas com o controle de bola. Não estava pegando os rebotes como costumava fazer e era driblado. Seu arremesso ainda não estava bom. Esse "novo desempenho" deixou seu técnico perplexo.

Pior ainda, quanto mais Danny se esforçava, mais seu jogo piorava. Apesar de ter entrado no time principal com facilidade, havia dúvidas se estaria jogando bem o suficiente para ser titular. Em termos de habilidade, Danny era o melhor armador, mas simplesmente não apresentava um desempenho satisfatório. Começou o jogo de abertura da temporada e parecia fora de controle. No segundo tempo, o técnico o colocou no banco depois de sua quarta bola perdida. Danny voltou faltando três minutos para o jogo terminar, mas não contribuiu em nada para a vitória apertada de seu time.

Como era de se prever, Danny esforçou-se ainda mais. Seus treinos refletiam seu senso de urgência. Continuou a cometer erros e era colocado cada vez menos tempo para jogar. À medida que viu sua temporada e seus grandes sonhos indo por água abaixo, criticou-se e se culpou.

Danny não tinha uma história extensa de lesões, como muitos dos atletas que vemos, mas tinha experiências traumáticas *suficientes* no esporte e em sua vida para ser vulnerável a PRPEs. As expectativas de Danny de ter um ano excepcional fizeram emergir as dificuldades de performance. Sua história ilustra o poder destrutivo das expectativas e seu papel em desestruturar a performance, em exacerbar problemas de performance pré-existentes.

Expectativas referem-se a aspectos da performance relacionados ao *resultado* e ao *futuro* – em outras palavras: antecipar qual será o resultado do teste, performance, ou temporada. "Será um sucesso ou um fracasso? Vou me machucar novamente? Será que o técnico vai achar que sou bom o suficiente para ser titular?" As expectativas estão relacionadas com os objetivos, mas os objetivos focam o que o atleta *quer que aconteça*. Ao contrário, as expectativas carregam as sementes da ansiedade antecipatória e assim focam no que o atleta tem medo que possa acontecer. Vamos examinar as diferenças entre os dois.

Objetivos são necessários para se alcançar o sucesso final. Dão foco ao treinamento, canalizam os esforços para um propósito. Objetivos orientam o futuro do atleta com um resultado desejado que o motiva emocionalmente. Objetivos respondem à pergunta: "Por que me submeto a todo esse trabalho desgastante?" Sem objetivos claros, motivadores, o treino frequentemente se torna difuso.

Infelizmente muitos técnicos e atletas usam os objetivos incorretamente. Não compreendem que os *objetivos são um instrumento para ser usado durante o treino. O único propósito de estabelecer-se objetivos é a motivação, não a pressão*. Os problemas surgem quando os atletas levam seus objetivos para as competições. Isso os tira do momento presente e cria dificuldades de performance. Metas de resultados levados para o momento da performance transformam-se em expectativas e, como resultado, tornam-se destrutivos.

As expectativas, assim como os objetivos, são também futuras e orientadas para o resultado. Estão relacionadas com o que antecipamos no treino, na competição ou na temporada. Na superfície, as expectativas assemelham-se aos objetivos. Examinando mais de perto, no entanto, são muito diferentes. Quando *usados adequadamente*, os objetivos são instrumentos construtivos de motivação que organizam, orientam e dão significado aos *treinos*. As expectativas, ao contrário, envolvem pressão inerente e criam um senso de *urgência*. Atribuem importância hiperinflacionada à performance e promovem a construção de *conflitos internos*. Os atletas vivenciam esse conflito como **"Eu preciso"**, **"Eu tenho que"**, ou **"Oh, não, e se eu não conseguir?"** O diálogo interno voltado para o futuro tensiona os músculos do atleta, minam sua autoconfiança e o distraem da tarefa em questão.

O foco do atleta no que *vai* acontecer é análogo à resposta de orientação de autoproteção encontrada nos animais. Como discutido no Capítulo 3, a resposta de orientação envolve o escanear vigilante e contínuo do ambiente do animal, um mapeamento em busca de sinais de perigo em potencial. Quando um animal percebe uma ameaça em potencial, se vira *em direção* à ameaça, preparado para luta ou para fuga, o que for necessário. O animal responde *como se* uma ameaça à vida fosse iminente. Não relaxa nem volta a seu comportamento normal até que tenha certeza de que o perigo em potencial passou.

Como a resposta de orientação funciona com os atletas? Quando ouvimos um som inesperado, reflexamente viramos ou nos orientamos na direção dele, com a *expectativa* de responder ao que causou o som. De forma semelhante, as expectativas dos atletas determinam uma forma especial de resposta de orientação, ou de virar-se em direção a uma ameaça em potencial. No entanto, o "perigo" ao qual os atletas respondem de forma reflexa está do lado de *dentro*. É o conflito interno entre alcançar as expectativas e o medo de que possam não conseguir fazê-lo.

Quando examinamos as expectativas de um atleta, encontramos *medo* subjacente a essas expectativas. Algumas vezes o medo é de lesão física ou de machucar-se novamente. Com mais frequência, as expectativas são medo do fracasso, tanto consciente, quanto inconsciente. O fracasso seguido de humilhação representa o núcleo do "perigo" para o atleta. Apesar da sobrevivência do atleta não estar em jogo há, emocionalmente, uma "ameaça à vida" dizendo: "Se eu falhar, serei humilhado e destruído." As expectativas de que uma performance ruim resultará em humilhação deflagra a resposta de sobrevivência, que resulta em uma performance negativa.

Isso aconteceu quando o golfista Scott Hoch estava diante de uma tacada perto do primeiro buraco do playoff no Masters de 1989. Seu pensamento era alimentado por sua expectativa de ganhar. Em condições normais, um golfista profissional acerta o buraco mais que 95% das vezes, mas Hoch tinha outras coisas em mente. Gastou dois minutos diante da jogada, avaliando-a sob todos os ângulos, antecipando cada desvio possível. Quanto mais esperava, mais pensava e mais se distanciava de seus instintos naturais.

Quando Hoch finalmente se aproximou da bola, se afastou, sem conseguir se decidir se executava a jogada com mais ou menos firmeza. Quando voltou novamente, um último pensamento lhe passou pela cabeça: "Agora é tudo ou nada". Hoch bateu na bola com firmeza, mandando-a para um metro e meio além do buraco. Recuperou sua tranquilidade e fez outra jogada, forçando um segundo buraco no playoff, mas acabou perdendo para Nick Faldo.

O excesso de pensamento de Hoch e o foco excessivo no resultado revelou suas expectativas em ganhar e seu medo subjacente de perder. Por causa dessas expectativas, injetou pressão no que poderia ter sido uma jogada de rotina. Sem expectativas, Noch teria jogado no automático com um foco relaxado na bola.

Hoch estava *consciente* do "perigo em direção ao qual ele estava se orientando"? Percebeu as consequências negativas atreladas ao fracasso enquanto demorou tanto diante da bola? Preocupou-se *conscientemente* com a humilhação que poderia enfrentar se errasse uma jogada tão fácil? Não sabemos se estava ou não consciente do "perigo". Os resultados sugerem que as expectativas negativas estavam presentes em sua mente. De que outra forma podemos compreender um profissional experiente gastar tanto tempo em uma jogada de rotina e depois errar de modo tão desastroso? Ironicamente, o medo da humilhação, que provavelmente estava à espreita em sua mente, fez com que ele obtivesse justamente o resultado temido. Por anos após esse evento, a mídia esportiva não deixava Scott esquecer seu erro. "Scott Hoch rima com choque."

As expectativas dos atletas são, na realidade, *reflexos condicionados*. Por exemplo, um jogador de beisebol que foi atingido na cabeça fica com medo de ser novamente atingido na cabeça, mais do que em qualquer outro lugar do corpo. O trauma condiciona reflexos dele a responder de forma autoprotetora *toda vez* que ele vai para o home plate. Como resultado, fica distraído, tenso e joga o peso para trás. Essa resposta de *sobrevivência* condicionada por trauma sempre interfere com a resposta do atleta, pois foi condicionada em sua memória muscular. Foi isso que aconteceu com Scott Hoch quando finalmente executou sua jogada mal sucedida. Um reflexo de sobrevivência condicionado provocou um curto circuito em seus reflexos naturais, que facilmente o teriam levado a acertar o buraco.

Ao resolver PRPEs, focamos nos reflexos condicionados por trauma para *descondicioná-los*, isto é, *desfazemos os reflexos de sobrevivência que interferem,* permitindo que o atleta relaxe e deixe seus instintos de performance, desenvolvidos naturalmente, dominarem. Nosso método ajuda a localizar, processar e então eliminar essas respostas condicionadas por trauma. O rebatedor que foi atingido na cabeça não fica na expectativa de que isso aconteça novamente, quando vai para o home plate. Consegue relaxar e deixar que sua memória muscular tome conta. A ginasta que sofreu uma lesão grave, quando soltou as mãos nas barras assimétricas, agora executa o movimento sem esforço. O esquiador que sofreu uma lesão grave no joelho durante uma corrida consegue deslizar sem medo, em vez de jogar o peso para trás nos esquis. Um golfista consegue jogar livre da expectativa de que seus pulsos vão se congelar e repuxar, levando-o a executar uma tacada curta e errática.

Isso é visto na atitude *"vamos ver o que acontece"*, que é diametralmente oposta à expectativa *"e se AQUILO acontecer"*. Quando você se entrega ao desempenho sem expectativas, a emoção que geralmente surge é a **surpresa agradável**, mas quando você carrega expectativas para apresentações importantes, a emoção que surge é a **decepção amarga**. Quando você emerge com decepção, é um sinal de que entrou na performance com a pressão de expectativas.

É importante distinguir antecipação de expectativa. Expectativas são produtos conscientes do cérebro anterior pensante, enquanto a antecipação é um produto inconsciente do cérebro profundo. Antecipação é algo que grandes atletas fazem automaticamente e é instintivo. Quando os atletas antecipam, inconscientemente intuem o futuro imediato. Antecipam o movimento do jogador da defesa ou a trajetória da bola um milissegundo antes de isso realmente acontecer. Essa habilidade fantástica de "saber" o que vai acontecer em seguida é encontrada em grandes atletas. Quando você antecipa dessa forma, pela *sensação*, tem sucesso. No entanto, quando antecipa com o *pensamento*, falha.

O interbase dos Yankees, Derek Jeter, frequentemente demonstra essa habilidade instintiva de saber para onde a bola será rebatida. Compare a antecipação de Jester com a de seu ex-colega de equipe, que jogava na base, Chuck Knoblauch. Knoblauch tinha recebido as Luvas de Ouro no Twins, mas depois de ser negociado para os Yankees, algo saiu errado. Após uma série de erros de arremesso muito divulgados na mídia,

Knoblauch começou a preocupar-se que "aquilo" poderia acontecer novamente em todo arremesso para a primeira base. Consequentemente, seu corpo instintivamente se mobilizava para o perigo e não para o beisebol, quando entrava em campo. A antecipação de Jeter era tanto instintiva quanto inconsciente, contribuindo para a expansão da performance. A expectativa de Knoblauch era consciente e induzia ao estresse, interrompendo sua performance natural.

Fontes de Expectativas

Apresentamos como as expectativas causam hesitação, fases ruins e bloqueios, agindo como deflagradores de PRPEs. Quando atletas, lutando contra PRPEs, são submetidos à expectativa de que devem "andar logo e superar o problema", os PRPEs tornam-se ainda mais difíceis de serem tratados. Essas expectativas podem ser geradas internamente pelo atleta, como no caso de Dany, ou podem ser alimentadas de fora por técnicos, pais, fãs, ou até mesmo por psicólogos do esporte. Sem se ter consciência da origem dessas expectativas, o problema repetido de performance geralmente continuará e piorará. Ao contrário, ter consciência tanto da origem dessas expectativas, quanto de sua natureza destrutiva, pode reverter seus efeitos negativos.

Expectativas Geradas Pelo Atleta

Atletas lutando com PRPEs têm pouca paciência com suas dificuldades de performance. Para o atleta, o PRPE não faz sentido do ponto de vista lógico. Por que uma ginasta de repente não consegue fazer uma pirueta para trás na trave, um movimento que vem executando há anos? Por que um mergulhador tem terror inexplicável no salto em revirado, que aprendeu há cinco anos? Como é possível um atleta na segunda base não conseguir fazer um arremesso de rotina para a primeira base ou um nadador nadar muito mais lentamente em competições do que em treinos? *A natureza ilógica dos problemas de performance aumenta a impaciência e a frustração do atleta, levando à expectativa de se superar o problema rapidamente.* Esforçar-se mais e tentar usar a vontade para superar um problema repetido de performance nunca funciona. Quando os atletas fracassam em reverter o PRPE, a resposta é previsível: a impaciência e a frustração voltam-se para dentro. Os atletas assumem o papel de um técnico interno mau, criticando a si mesmos por meio de um diálogo interno negativo, o que corrói ainda mais a já abalada autoconfiança.

Por exemplo, uma ginasta de nível 10 que tinha sofrido uma lesão grave, oito meses antes, ao fazer um movimento de soltar as barras enquanto se deslocava para trás, não conseguia fazer o salto para trás no solo. Quanto mais se esforçava, mais frustrada ficava com sua incapacidade de fazer um movimento simples. Sua impaciência rapidamente se transformou em ódio em relação a si mesma e ela criticava-se quando não conseguia fazer com que seu corpo executasse o salto para trás. Caía em prantos, acabando com qualquer esperança de um treino produtivo. Sua expectativa de superar rapidamente o problema foi substituída pela expectativa de que o problema continuaria e pioraria.

Carregar essa expectativa negativa para a performance ativa uma profecia autorrealizadora que assegura o fracasso.

Por exemplo, uma corredora cross country lutava contra episódios de exaustão inexplicável durante as corridas. A fadiga, que nunca aparecia nos treinos, a surpreendia durante a segunda milha, o que a levou a ser ultrapassada por vários colegas piores do que ela nos treinos. Passou a ficar altamente ansiosa antes das corridas, com receio de que "aquilo" acontecesse de novo. Isso a mantinha acordada na noite anterior às corridas, tensionando-a fisicamente. Quando a corrida começava, sua tensão e seu nervosismo intensificavam-se, assegurando que ela correria de forma pouco eficiente e que se cansaria prematuramente. A situação piorava quando se aproximava da segunda milha. Suas preocupações e o pensamento de "lá vou eu de novo" interferiam com a respiração adequada, tensionavam-na e faziam com que corresse mais devagar. As expectativas de fracasso da corredora alimentavam seu PRPE.

A impaciência e a frustração de um atleta com PRPEs são alimentados por dois traços de personalidade comuns a atletas dedicados: *perfeccionismo* e *competitividade*.

Perfeccionismo - "Os perfeccionistas falham 100% das vezes."

O perfeccionismo é a busca interna de ser perfeito em todas as empreitadas, não se aceitando nenhum erro. Parece um traço importante para um atleta sério mas, na verdade, o perfeccionismo excede o adaptativo e o saudável. Ironicamente, o perfeccionismo pode ser a causa do fracasso de atleta. Como isso é possível? O perfeccionismo é uma faca de dois gumes. Se você o controlar, pode superar obstáculos e conquistar um caminho para o sucesso. Mas quando o perfeccionismo sai do controle, volta-se contra você, destrói sua autoestima e acaba por matar seus sonhos.

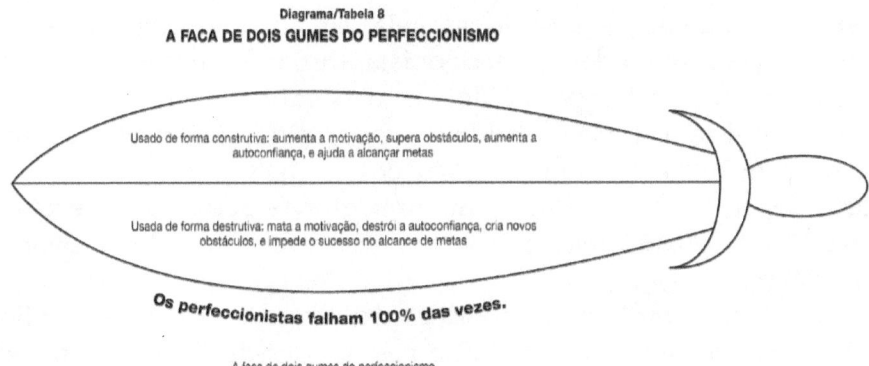

A faca de dois gumes do perfeccionismo

O problema com o perfeccionismo é que ele substitui a busca por excelência por uma intolerância irreal com qualquer coisa aquém do inatingível. A incapacidade de tolerar erros é um problema no esporte porque a perfeição não existe. Por natureza, somos falhos em nossa individualidade única. Isso é verdade tanto no esporte quanto no resto de nossas vidas. Mesmo nas melhores performances, sempre há imperfeições. *Às vezes, mesmo uma performance "perfeita" ainda resulta em derrota!*

Erros e falhas são inevitáveis no esporte. O que realmente conta é como lidamos com eles. Perfeccionistas não conseguem adaptar-se a essa realidade. Suas expectativas irreais desviam-se da sensatez. Esperam que rebaterão com sucesso todas as vezes que estiverem no home plate, esperam que cada bola arremessada será uma cesta e que sairão vitoriosos de toda competição. Apesar de saberem, intelectualmente, que isso é impossível, respondem, emocionalmente a seus fracassos como se isso fosse possível e uma obrigação.

Há uma distinção entre ***detestar perder*** e a ***incapacidade de tolerar*** perder. Atletas dedicados odeiam perder de forma passional. Treinam muito para ganhar e acham perder muito desagradável. No entanto, sabem o quanto perder é ou não importante. Compreendem que perder é parte inevitável dos esportes competitivos e ***pré-requisito necessário*** ao sucesso. Sabem que as falhas oferecem feedback sobre o que precisa ser modificado para um resultado melhor da próxima vez.

Os perfeccionistas não conseguem aprender com essas lições. São distraídos pela inaceitabilidade do fracasso em si. São "emocionalmente sequestrados" pela raiva autodirigida e essas emoções cegam o atleta perfeccionista, tornando impossível ver o positivo no que foi percebido como negativo no fracasso. Um perfeccionista distorce a realidade em relação à sua autoavaliação. É sempre seu pior inimigo e seu crítico mais severo. O que os técnicos ou os pais avaliam como uma grande performance é, com frequência, visto pelo perfeccionista como um desempenho medíocre.

Por exemplo, uma jogadora de basquete do ensino médio carregou, sozinha, seu time tanto nas quartas-de-final quanto nas semifinais do torneio estadual. Nas finais, ela continuou com seu jeito dominante, fazendo 28 pontos, mantendo o jogo apertado. Faltando cinco segundos, driblou quadra acima, com seu time perdendo por dois pontos. Livrando-se de duas jogadoras da defesa, parou para um arremesso de três pontos, que poderia ganhar o jogo e o campeonato estadual. A bola rodou no aro e foi para fora e o time dela perdeu. Ela ficou inconsolável depois, sentindo-se um fracasso total. Culpava-se pela perda, acreditando que tinha desapontado seus técnicos e seu time. Chegou a considerar seriamente desistir de jogar!

Os atletas lutando com PRPEs têm mais dificuldade em se desbloquear se forem perfeccionistas. O perfeccionismo alimenta a impaciência do atleta, deixando-o cego aos pequenos progressos que são parte integrante de um processo de tratamento bem sucedido. Uma tenista lutando com seu saque, por exemplo, teve o melhor jogo em termos de saques em meses, mas perdeu para uma arquirrival. Seu técnico ficou satisfeito que ela finalmente conseguia relaxar e sacar bem. A interpretação da jogadora: "Ela ganhou de mim. Logo meu saque ainda deve estar com problemas."

Outro exemplo é uma ginasta com medo de executar uma reversão para trás na trave. Desconsiderava os passos positivos, se não conseguisse executar o movimento. Ignorava o fato de que seu medo tinha diminuído de modo que conseguia executar o movimento em uma trave no chão. Esse pressuposto falso do perfeccionista de que *nada mudou* faz com que continue preso à sensação de fracasso.

Competitividade

Competitividade é a segunda característica que pode causar dificuldades ao atleta e interferir com o tratamento dos PRPEs. Assim como ocorre no perfeccionismo, a competitividade é uma faca de dois gumes. Quando utilizada adequadamente, a competitividade pode elevar o nível do jogo do atleta e abrir caminho para seus sonhos esportivos. Competir contra adversários fortes melhora as habilidades do atleta, desafiando-o a melhorar. Parceiros de treino difíceis mantêm os atletas altamente motivados, tornando seus treinos mais produtivos.

Visto através de uma lente saudável, os competidores veem seus adversários como "parceiros" na busca da excelência. Adversários nos estimulam a performances melhores, mais rápidas, mais fortes, aumentando as chances de alcançarmos nossos objetivos pessoais. É interessante que o significado de competição em suas raízes latinas seja "uma busca conjunta".

Quando os atletas perdem o controle da espada da competitividade, ela destrói seu jogo e sua autoconfiança. Atletas excessivamente competitivos veem os adversários como *ameaças pessoais*. Preocupam-se com e distraem-se pelo que o adversário fizer. *É paradoxal que focar excessivamente nos adversários leva o atleta a perder para ele.*

Colin, nosso goleiro da Primeira Divisão do Capítulo 2, lutando contra o pânico no gol, não conseguia parar de se comparar com seu rival calouro. No treino, continuamente olhava para o outro gol para ver como seu colega de equipe estava se saindo e quem o técnico principal observava. Mesmo nos jogos, Colin continuamente se distraía ao comparar suas jogadas com as de seus rivais. A preocupação de Colin com seu colega de equipe intensificava sua ansiedade, o distraía de sua tarefa e alimentava sua baixa autoconfiança. Só quando aprendeu a controlar essa competitividade excessiva, conseguiu resolver seus problemas de performance.

Expectativas Geradas Externamente: Técnicos e Pais

Ninguém próximo ao atleta quer vê-lo lutar contra um PRPE. Quanto mais o PRPE dura, maiores as consequências. Como a identidade do atleta está misturada com o esporte, o caos emocional que o PRPE causa estende-se a outras áreas de sua vida. O problema esportivo rapidamente colore o desempenho acadêmico e a vida pessoal. À medida que a crise se intensifica, seus pais e técnicos mobilizam-se na tentativa de reverter o quadro. Infelizmente a "ajuda" de pais e técnicos nem sempre é de apoio, pois pais e técnicos bem intencionados podem inadvertidamente "por lenha na fogueira". A armadilha da expectativa em que caem pais e técnicos é muito comum: "Vamos fazer com que supere o problema o mais rápido possível." Apesar de, na superfície, isso parecer uma resposta útil, essa expectativa de performance exacerba o PRPE.

Como seres humanos, temos a tendência a organizar nossas vidas para evitar a dor e para buscar o conforto. A dor de um PRPE estende-se do atleta para todos que lhe são próximos, catalisando um esforço frenético para resolver a "charada" e cessar o desconforto. Os técnicos usam todas as ferramentas de suas caixas de recursos para ajudar os atletas a superarem suas dificuldades. Não param de mexer com o funcionamento deles: aumentam sua carga de trabalho ou modificam continuamente o treino. Quando isso falha, desafiam os atletas a se controlarem e a simplesmente fazer o que têm que fazer.

Para o técnico muito responsável, um atleta insuficiente é sinal de que ele mesmo não faz seu trabalho bem. A habilidade de um técnico é frequentemente julgada dentro dos parâmetros estreitos da performance. Assim, os técnicos são vulneráveis a perceberem os problemas repetidos de desempenho dos atletas como uma ameaça direta à sua competência profissional. Quando todas as suas intervenções fracassam, muitos técnicos perdem a paciência e emocionalmente se voltam contra o atleta.

Por exemplo, em 1987, quando Mackey Sasser continuou a hesitar antes de jogar a bola de volta para o arremessador, um de seus técnicos chamou sua atenção na frente do time todo. O técnico disse a Mackey que ele seria multado em 20 dólares a cada vez que deixasse de arremessar a bola de volta adequadamente. Sasser sentiu-se humilhado por esse incidente. Infelizmente, esse tipo de resposta dos técnicos, degradante e alimentada por expectativas é comum. No final, ela intensifica os problemas de desempenho, pois retraumatiza o atleta, tornando-o mais inibido. Sasser nos disse que depois desse incidente, sua ansiedade ao arremessar aumentou muito.

Assim como o que ocorre com os técnicos, os pais ficam envolvidos demais nos problemas de desempenho de seus filhos. Assim, inadvertidamente, fazem mais mal do que bem. A intervenção dos pais é motivada por um desejo sincero de ajudar o jovem. Ver seu filho fracassar repetidamente e sofrer é uma motivação dolorosa para um pai/mãe amorosos. Esses pais oferecem sugestões "de grande ajuda", com o objetivo de resolver o PRPE. Quando o jovem não consegue resolver o problema com essa "ajuda", no entanto, os pais podem ficar frustrados.

A expectativa dos pais de que seu filho atleta supere o PRPE rapidamente advém de uma inabilidade em compreendê-la claramente: "Como pode minha filha não ser capaz de executar uma pirueta para trás, quando o fez durante anos? Por que meu filho não consegue rebater em um jogo quando sempre "arrasa" no treino? Por que minha filha tem medo do contato durante os jogos de futebol, quando sabe jogar tão bem?"

Às vezes a raiz de um PRPE pode remontar a expectativas e a pressão dos pais. Quando os pais estão mais investidos no esporte do que seus filhos, o resultado frequentemente é um problema de performance. Por exemplo, uma patinadora artística de 13 anos com problema em seu axel duplo[15] por mais de um ano. Não importava o que tentasse, não conseguia relaxar o

---

[15] (n.t.) Salto com rotação de duas voltas e meia.

suficiente para terminar o salto corretamente. Seu técnico ficava confuso, porque a patinadora nunca tinha tido qualquer problema de performance durante o processo de aprendizagem.

Ao encontrar e conversar tanto com a patinadora, quanto com a mãe dela, ficou claro que a patinação era mais importante para a mãe do que para a filha. Apesar de a menina de 13 anos amar o esporte, não tinha interesse em prosseguir com ele até o nível nacional. Estava satisfeita em competir em nível local e regional. Seu único objetivo no esporte era divertir-se. Entretanto, a mãe estava atraída pelo tema olímpico que mobilizava sua cabeça. Acreditava que se sua filha se esforçasse o suficiente, poderia tornar-se campeã nacional ou até olímpica. A dificuldade da menina em aprender o axel duplo vinha diretamente do conflito entre seus próprios objetivos e os da mãe. A expectativa a pressionava e, inconscientemente, a prendia.

É imperativo que tanto os pais, quanto os técnicos tenham em mente as razões do atleta para competir. Adultos adequados mantêm-se em sintonia com os objetivos do atleta. Permitem que esses objetivos orientem sua interação com o atleta. Nesse processo de aprimoramento, pais e técnicos precisam ter cuidado para manter seus próprios objetivos e suas expectativas fora da equação. Quando adultos dão a jovens atletas esse tipo de espaço psicológico os atletas ficam mais felizes, mais relaxados e são mais capazes de superar o PRPE.

Isso significa que pais e técnicos precisam ser pacientes e apoiarem o atleta incondicionalmente. Precisam ser sensíveis às dificuldades do atleta, tranquilizando-o de que vai conseguir superar o problema. Em vez de expectativas, a paciência e a empatia de adultos significativos para o atleta, envolvidos em seu desempenho, criam um ambiente seguro que é importante para os atletas lidando com PRPEs.

A Cadeia de Expectativas No Esporte

As expectativas do atleta em relação a si mesmo estão no final de uma longa cadeia de expectativas encontrada nos esportes organizados. As pressões autoimpostas do atleta são frequentemente alimentadas por pais e técnicos. As expectativas dos pais em relação a seu filho ou a sua filha são alimentadas por suas próprias expectativas em relação a si mesmos, na ânsia de produzir uma criança de sucesso. Quando seu filho tem dificuldade de performance, os pais sentem que as falhas de seus filhos são reflexo das próprias falhas.

De forma semelhante, os técnicos têm pouca tolerância com atletas que não são bem sucedidos, pois refletem a competência dos técnicos. A manutenção de seu emprego depende de produzirem "ganhadores". Atletas que sofrem de dificuldades com PRPEs, com frequência não são bem sucedidos. Quando seus times ou atletas não ganham, os técnicos deixam de cumprir uma ampla gama de expectativas implícitas e explícitas. Um time que perde deixa pais, fãs e ex-alunos infelizes. Um programa perdedor expõe o técnico a ser percebido como um fracasso aos olhos de seus patrões, do diretor do programa de esporte e da diretoria. Quando o técnico não produz um time ganhador em um período de tempo "razoável", seu emprego fica em risco.

A pressão que um técnico sente do diretor esportivo para produzir é paralela à pressão que o diretor sente da administração. A missão do diretor esportivo é desenvolver e supervisionar um programa de esporte de sucesso, principalmente nos esportes "mais importantes", como os programas de futebol e basquete. Times consistentemente medíocres são "evidência", prova concreta de que o diretor esportivo não está fazendo bem o seu trabalho.

Por sua vez, o "desempenho ruim" do diretor esportivo tem reflexo sobre os administradores acadêmicos, que são pressionados por pais e ex-alunos a manter sua escola competitiva no mercado mais amplo. Nos esportes universitários, times que perdem significam ex-alunos infelizes e ex-alunos infelizes não são generosos, deixam de doar para a universidade o quanto poderiam. O reitor da universidade entende o poder financeiro de times que ganham em relação às doações recebidas por ex-alunos e o recrutamento da universidade. Por isso mesmo, até o próprio reitor sente a demanda de ter um programa esportivo vitorioso representando a universidade.

Considere o caso do programa de futebol da Universidade de South Carolina. Os Gamecocks deram ao técnico principal, Steve Spurrier, um aumento de U$ 500.000 anuais, prorrogando seu contrato até 2012. O salário de Spurrier *foi aumentado para 1,75 milhões de dólares*, enquanto a média salarial na universidade para um *professor de tempo integral era de U$ 92.000/ano*.

Diagrama/Tabela 9
A CADEIA DE EXPECTATIVAS NO ESPORTE

Ex-alunos/fãs/pais/pares/mídia

Exercem pressão direta sobre

Administração da escola

Presidente da universidade, diretoria escolar, superintendente, diretor da escola de ensino médio

Diretor esportivo

Técnico principal do time

Atleta e sua performance

A cadeia de expectativas no esporte

À medida que a cadeia de expectativas desce até o atleta, essa se intensifica a cada elo. Ocasionalmente um técnico excepcional age como um amortecedor, protegendo os atletas de expectativas que vêm nessa cadeira. O ex-gerente dos Yankees, Joe Torre, é um exemplo. O proprietário temperamental, George Steinbrenner, era um gerente que supervisionava tudo de perto, com grandes expectativas e nenhuma tolerância para algo que fosse aquém da perfeição. Quando seus jogadores e técnicos não produziam rápido o suficiente, ele os criticava publicamente e rapidamente os trocava ou os demitia. A pressão que exercia era intensificada pelas expectativas e escrutínio dos fãs do New York e da mídia esportiva.

Quando os Yanks perderam a final da Liga Americana para seus arquirrivais, os Red Sox, em 2004, depois de precisarem eliminar apenas mais um jogador para ganhar, Steinbrenner estava pronto para limpar a casa, começando pelo gerente Joe Torres. A mesma dinâmica ocorreu novamente em 2006 nas semifinais da Liga Americana, quando os Yankees perderam quatro jogos seguidos para os Tigers, depois de ganhar o primeiro jogo. Nesses dois anos, Steinbrenner divulgou seu descontentamento em relação a seu gerente. Torres, no entanto, não repassou essa pressão ou essas expectativas a seus jogadores. Em vez disso, amorteceu as ameaças de Steinbrenners e deu segurança a seus jogadores.

Todos temos expectativas em relação à nossa própria performance. No entanto, em circunstâncias normais, essas expectativas nunca alcançam o nível de intensidade perturbadora visto nos PRPEs. *Atletas, técnicos e pais precisam lembrar-se de que as expectativas de performance interferem com a expansão do desempenho e intensificam os PRPEs.* Os atletas traduzem essas expectativas em pensamentos conscientes, como: Eu tenho que conseguir rebater, Eu preciso fazer 10 pontos ou E se eu perder novamente? Como discutimos anteriormente, as expectativas levam ao nervosismo antes da performance e impedem os atletas de jogar de acordo com seu potencial.

Os atletas traduzem essas expectativas em uma voz que chamamos de "crítico interno", que aparece durante uma competição dura ou durante um treino difícil: "Isso é difícil demais. Estou cansado demais. Por que todo mundo se sai melhor do que eu?" O diálogo interno é também usado, com frequência, como um veículo para nos orientarmos logo antes e durante as apresentações: "Você tem que se acalmar e assegurar-se de manter a bola na sua frente. Você tem que fazer bons toques e procurar o espaço aberto. Jogue limpo e não cometa nenhuma falta."

Acredita-se que, quando positivo, o diálogo interno é um instrumento útil, que aumenta a autoconfiança. Na Psicologia do Esporte tradicional, a capacidade de agir como técnico de si mesmo, com "afirmações positivas" é uma habilidade mental importante a ser desenvolvida. **Infelizmente, mesmo quando positivo, o diálogo interno é consciente e potencialmente perturbador da performance.**

Para atletas lutando contra os PRPEs, parece haver uma constante batalha interna entre o "bem" e o "mal". Os atletas tentam manter um diálogo interno positivo em relação às performances que se aproximam, mas suas mentes estão infiltradas por vozes negativas, pessimistas: *E se aquilo acontecer de novo? E se eu não conseguir jogar a bola de volta ao arremessador? E se eu errar de novo? E se eu adoecer antes da corrida novamente?*

Com atletas lutando contra os PRPEs, a ansiedade subjacente, derivada de traumas passados, alimenta expectativas negativas. Esse processo interno negativo direciona o atleta exatamente para aquilo do qual tenta fugir: mais problemas de performance. No próximo capítulo vamos examinar mais de perto o diálogo interno, a relação dele com os PRPEs, como isso funciona contra nós mesmos, e *como podemos aprender a usá-lo a nosso favor.*

Capítulo 8 - Diálogo Interno e Problemas Repetidos de Performance no Esporte: A batalha travada lá dentro – as vozes do "Bem" e do "Mal"

Para atletas que lutam contra PRPEs, a batalha começa no momento que sabem que terão uma performance. Pode ser na noite antes do grande jogo, corrida ou competição. Pode começar uma semana antes. Uma vez que se dão conta de que estarão *naquela* situação *de novo*, a ansiedade gradualmente aumenta. Ela é alimentada pelo diálogo crescente que acontece na cabeça do atleta. A luta é entre o positivo e o negativo, entre a esperança desesperada e o medo intenso. Uma grande batalha de vontades acontece entre duas partes diferentes, que muitos de nossos clientes descreveram como o *anjo* sobre um ombro contra o *diabo* sobre o outro.

Do lado positivo, os atletas tentam desesperadamente se assegurar de que estão absolutamente prontos, de que têm as habilidades para fazer o que tem que ser feito e que tudo sairá bem. Podem lembrar a si mesmos de tudo o que alcançaram na tentativa de apresentar motivos convincentes a favor do positivo. Esse lado também oferece, estratégias de performance "úteis" de última hora, bem como orientação sobre a técnica correta. Do lado negativo, os atletas não se deixam esquecer de apresentações medíocres ou vergonhosas. O lado negativo faz listas de "e se" com relação a tudo que poderia dar errado, deixando-os paralisados, duvidando de si mesmos. Parte dessa negatividade envolve uma revisão urgente de todas as coisas que *não devem* fazer.

A batalha interna é clássica: "Você *consegue* fazer isso! Eu sei que você consegue. Os treinos têm sido ótimos. Você está em grande forma. O técnico acha que você está pronto. Apenas fique relaxado e use suas habilidades." Antes que esse diálogo interno possa enraizar-se, vozes negativas começam a fazer buracos enormes nos argumentos positivos. Logo a negatividade é tão estrondosa que mete medo no coração do atleta e faz com que os pensamentos positivos fujam como soldados batendo em retirada.

"*Espero* que eu jogue bem, mas *e se* eu não jogar? *E se* eu hesitar de novo? O técnico ficou com raiva de mim. *E seu* eu jogar com medo novamente? Não deveria pensar sobre me machucar novamente. Não posso me preocupar em perder a bola, mas *e se* isso acontecer? Queria não ter que jogar hoje. Tenho um pressentimento ruim em relação a isso. Queria que o jogo já tivesse terminado."

A expressão mais comum do lado negativo é *"e se?"*. Os "e se" frequentemente antecedem algo ruim acontecendo com o atleta. São expressão da imaginação do atleta que se volta contra ele. Explicado de forma simples: os "e se" são o núcleo da preocupação do atleta e predizem um resultado temido. "E se aquilo acontecer de novo?" é um pensamento obsessivo do qual atletas com PRPEs não conseguem livrar-se. É interessante que você nunca encontrará alguém usando a expressão "e se" em relação a algo como "E se eu jogar bem e ganhar? Então pode ser que eu seja o melhor jogador do torneio e serei forçado a ir para o campeonato estadual. Isso não seria horrível?"

Atletas com PRPEs gastam uma quantidade enorme de energia nesse redemoinho positivo-negativo. Independentemente de que o lado positivo e "vença", o conflito interno leva o atleta para o **cérebro anterior** consciente e pensante. O excesso de pensamentos então tensiona os músculos do atleta e o distrai de um bom desempenho. A voz negativa é **sempre** mais alta e mais persistente do que a positiva e finalmente a encobre, sufocando-a. Para o atleta bloqueado, a voz negativa sempre parece ser mais *familiar* e *verdadeira* do que a positiva. Por que é assim? Vamos fazer uma breve experiência.

Feche seus olhos e pense na última vez em que você um *bom* trabalho no emprego, escola ou no treino. Ao fazer isso, note sua reação a essa experiência. Como isso te faz sentir-se emocionalmente e fisicamente? Qual a intensidade dessas respostas? Agora limpe sua mente e repita o exercício, mas desta vez foque em quando você fez um trabalho *ruim*. Mais uma vez, note como essa performance ruim o faz sentir agora, tanto emocional quanto fisicamente. O que você descobriu?

A maioria das pessoas que faz esse exercício relata que, apesar de a experiência positiva trazer uma sensação boa, não pareceu tão clara, poderosa ou duradoura quanto a negativa. De fato, quando pensaram na performance ruim, era mais detalhada e os deixou com sensações corporais mais fortes e emoções negativas que persistiram por mais tempo. Por que é assim?

Talvez seja parte da condição humana, mas nossa atenção é naturalmente atraída de onde nos sentimos bem para onde sentimos desconforto. Ninguém fica pensando obsessivamente sobre como se sentiram bem física e emocionalmente. Em vez disso, tendemos a notar as coisas que não parecem estar bem. Você nota a dor de cabeça muito mais do que o relaxamento de sua testa. Você nota sua garganta apenas quando está dolorida ao engolir. De modo semelhante, sua atenção é tomada muito mais pelo prazo de entrega iminente te pressionando do que pelo projeto completado em seu espelho retrovisor. Parece ser este o caso em todos os aspectos de nossas vidas. Quando nossos carros funcionam bem, esquecemo-nos de como os motores são silenciosos, mas um barulho estranho no motor chama nossa atenção imediatamente.

Os psicólogos do esporte tradicionais ensinam habilidades cognitivas para ajudar os atletas a combaterem a "força do mal" e a transformarem esses negativos em positivos. A abordagem deles acredita que o pensamento consciente determina o que os atletas sentem no corpo, afetando diretamente sua performance esportiva. A teoria é que "o que você pensa" antes e durante a performance causa mudanças fisiológicas sutis, mas significativas, e essas reações, por sua vez, afetam dramaticamente o timing, a técnica e a execução.

As palavras negativas, o "diabo sobre o ombro", cochicha no ouvido do atleta, sistematicamente tensiona seus músculos, acelera sua respiração e deixa suas extremidades frias. E as consequências dessas mudanças fisiológicas são devastadoras para a performance. Músculos tensos limitam a flexibilidade, prejudicam o movimento, e interferem no timing. A respiração mais superficial cansa o atleta prematuramente, independentemente de seu nível de condicionamento. Mãos e pés frios interferem com a *sensação* da bola, água ou com o equipamento, tão essenciais em todos os esportes.

O cerne dessa teoria tradicional é que o pensamento consciente determina *primariamente* a experiência corporal e, portanto, a qualidade da performance. Há uma relação importante entre pensamento, fisiologia e performance, mas o ***pensamento consciente não é ponto de partida desse processo***. O pensamento consciente ***não é*** a primeira estação dessa viagem de trem. Na verdade, chega em estágios posteriores dessa viagem. Essa ideia traça um paralelo com a ideia de que os problemas de performance não ***começam*** quando aparecem para o atleta e para aqueles em torno dele. Muitos fatores no cérebro e no corpo do atleta afetam a performance ***muito antes*** de o pensamento consciente e de o problema de performance tornarem-se conscientes.

Por exemplo, nossos mecanismos reflexos de sobrevivência são programados para reagir primeiro e mais rapidamente. A complexidade e a natureza linear do pensamento ***sempre*** levam mais tempo do que os reflexos. Veja o caso do arremessador que pega uma bola que vem em velocidade em direção a seu rosto, e em seguida olha para a bola em sua luva com total assombro. "Eu fiz isso?" O mais puro reflexo de sobrevivência do arremessador, e não qualquer pensamento conscientemente direcionado, possibilitou que pegasse a bola.

O cérebro ou a mente de um atleta não pode ser separado de seu corpo. Essa dualidade mente-corpo tenta, artificialmente, entender os papéis da fisiologia, psicologia e do pensamento consciente na performance esportiva. Concordamos que o esporte é 90% mental, mas é importante lembrar que o cérebro, o locus da mente consciente e inconsciente, ***está no corpo*** e ***está diretamente conectado*** a cada parte do corpo. O que pode parecer estritamente mental é diretamente ligado ao que é físico e vice-versa. É um circuito inseparável. Para o cérebro sobreviver, tem que receber sangue oxigenado do coração e dos pulmões. No entanto, o funcionamento do coração e do pulmão são constantemente monitorados pelo próprio cérebro.

Acreditamos que tudo começa no corpo. Isso é verdade principalmente para atletas, porque os esportes dizem respeito ao corpo e a seu movimento. Pense em nossa teoria de que lesões esportivas e de que outros traumas sejam a origem de todos os PRPEs. Lesões e outras experiências traumáticas não são completamente processadas e, como resultado, ficam congeladas ou presas no corpo do atleta em alguns locais físicos específicos diretamente relacionados ao trauma. Eventos como esses são presos no corpo e simultaneamente armazenados em uma parte do cérebro, bem como no inseparável circuito cérebro-corpo.

Por exemplo, uma ginasta que fratura o tornozelo ao cair da trave durante uma pirueta para trás retém, inconscientemente, a memória corporal de toda a experiência. Seu corpo se trava, antecipando a sensação do movimento para trás antes da queda, a perda do equilíbrio, a queda e seu impacto, a dor no tornozelo, e até mesmo o tratamento médico que se seguiu. Essa experiência, bem como o medo, a frustração, e as emoções relacionadas são congeladas em seu cérebro e sentidas em seu corpo. Quando a ginasta, recuperada, não consegue executar o mesmo movimento, não sabe conscientemente qual a razão disso.

Utilizando o diálogo interno positivo, a ginasta tenta se estimular, convencer, e orientar para ir além desse recuo inato. No entanto, o diálogo interno gerado pelo medo ("Não vá; você vai se machucar; você não consegue fazer isso.") acaba vencendo. *Isso é porque, abaixo do diálogo interno negativo há um senso genuíno de ameaça mortal, e sintomas de trauma como medo excessivo, ansiedade, evitação, hipervigilância, e uma resposta de alerta exagerada são reflexos desse mecanismo de sobrevivência funcionando mal.* Quando um rebatedor instintivamente se esquiva de um arremesso que nem passa perto de sua cabeça, o mau funcionamento de seu mecanismo de sobrevivência sobrepõe-se a todo o resto, incluindo ao preço de uma performance ruim. A segurança e a sobrevivência do organismo sempre prevalecem. *Nosso diálogo interno negativo flui diretamente de nossas tentativas instintivas de autoproteção.*

Dessa forma, o diálogo interno *negativo* sempre tem uma intenção subjacente positiva. Duvidar de si mesmo na última hora expressa um medo mais profundo de que, se prosseguirmos, estaremos nos colocando em perigo. Reconhecer a intenção positiva do diálogo interno é um primeiro passo crucial para sair dos problemas de performance. Essa compreensão pode nos permitir relaxar e mudar nossas relações com nosso diálogo interno "negativo".

A maioria dos atletas fica tensa quando as vozes negativas começam a falar em sua cabeça. Respondem como se fosse a voz do inimigo e começam a lutar contra ela. Tentam ainda argumentar com ela ou bloqueá-la conscientemente com pensamentos positivos. Lutar contra essa parte de nós mesmos, que nos protege, é um empreendimento sempre fadado ao fracasso e só aumenta o estresse e o bloqueio internos.

Por exemplo, quando as tentativas conscientes de nossa ginasta para superar seus medos falharam repetidamente, ela tornou-se impaciente consigo mesma. Essa resposta aumentou sua tensão e gerou mais medo, sempre que tentava movimentos que geravam medo, tornando-os praticamente impossíveis de serem executados.

As batalhas internas entre os diálogos positivo e negativo operam em nível profundo e *não são* um conflito entre o bem e o mal. Em nível inconsciente, trata-se de manter-se vivo e seguro. É *por isso que o diálogo interno positivo é ineficaz na superação do diálogo interno negativo gerado pelo medo*. A parte de autoproteção, instintiva, não está interessada nos pedidos ou nos argumentos conscientes da parte "positiva", porque sua única preocupação é a sobrevivência.

Os psicólogos do esporte tradicionais ignoram a *intenção positiva do diálogo interno negativo*. Em vez disso, empenham-se em reforçar o *diálogo interno positivo*. Ensinam técnicas de ensaio mental, repetidamente expondo o atleta aos movimentos que temem para *dessensibilizar* seus medos. Psicólogos do esporte estimulam os atletas a usarem "afirmações positivas", repetindo-as, escrevendo-as e afixando-as em seus quartos. Os atletas também são estimulados a desafiar internamente a parte negativa, apresentando a ela evidências, provas de porque agora é seguro executar os movimentos.

Todas as estratégias conscientes, mesmo quando praticadas religiosamente, são limitadas em sua efetividade. Mesmo que a ginasta que discutimos tenha experimentado uma diminuição de seu medo, esses efeitos foram apenas temporários, eventualmente se desgastando. *Isso porque todo o diálogo interno positivo do mundo não funciona, quando se tem a sensação de estar de pé nos trilhos, de frente para um trem que se aproxima*. É nesse momento que o instinto de sobrevivência primal toma conta: imediatamente nos esquecemos do que deveríamos estar fazendo e reflexamente saímos correndo para salvar nossas vidas!

Somos Feitos De Partes

Nossa discussão sobre o conflito entre o diálogo interno negativo e o medo, de um lado, e o diálogo interno positivo e a esperança, do outro, denunciam como pessoas em geral e atletas em particular, todos somos feitos de partes interiores. Essas partes variadas são as fontes de onde emanam as vozes internas. Isso significa que estamos todos sofrendo de transtorno de personalidade múltipla? De jeito algum!

Nossos corpos são feitos de partes: sistemas, subsistemas, órgãos, células e até de moléculas! Nossa constituição psicológica espelha isso, já que nossa personalidade inclui partes diferentes também. Tomemos nossas emoções como exemplo. Dependendo da situação, as emoções de uma pessoa abrangem um espectro amplo de sentimentos. Há momentos em que a pessoa sente alegria, mas em outros momentos essa mesma pessoa pode estar quieta, triste, ou até deprimida. Às vezes alguém está com medo ou com raiva, mas em outros momentos, a pessoa está extremamente confiante e calma. Nossas emoções variadas são como partes diferentes de nós mesmos: a parte feliz, a parte triste, a parte com raiva, a parte com medo, etc. Algumas dessas partes achamos desejáveis, ao passo que outras gostaríamos que simplesmente fossem embora.

Os atletas podem ver um tipo semelhante de divisão, considerando partes diferentes de seus jogos. Sentem-se mais confiantes, em alguns aspectos, enquanto em outros, sentem-se menos seguros. Por exemplo, atletas podem confiar em sua defesa, mais do que em seu ataque, ou podem sentir-se mais confiantes movendo-se para a esquerda do que para a direita. Há momentos em que se sentem agressivos, mas em outras vezes percebem-se inseguros e hesitantes. Dessa forma, revelamos nossas partes confiantes, partes agressivas, partes que tem dúvidas, partes hesitantes e assim por diante.

Geralmente as partes operam totalmente fora de nossa consciência. Como isso é possível?

Em nossa montagem de seres humanos, a maior parte de nosso funcionamento diário opera fora de nossa consciência. O batimento cardíaco incessante ou o encher e esvaziar de nossos pulmões são programados para funcionar inconscientemente. Esse mesmo funcionamento, fora da consciência, existe na maioria de nossas performances físicas tanto dentro quanto fora do campo. Quando caminhamos pela rua, conversamos com um amigo, ou andamos de bicicleta, não damos instruções, conscientemente, a nós mesmos sobre a técnica correta de nos movimentar, a manutenção equilíbrio ou o tempo adequado dessas atividades. Todas essas funções são inconscientemente monitoradas por nosso cérebro profundo. De modo semelhante, as melhores performances esportivas acontecem quando os atletas estão jogando "em estado de fluxo". Jogar "em estado de fluxo" ocorre porque os atletas não estão conscientemente se instruindo, mas confiam em seu treinamento e inconscientemente permitem que a memória muscular e a espontaneidade tomem conta.

Uma boa forma de compreender o inconsciente e sua relação com a mente consciente é a metáfora de um estádio esportivo. Quando sentamos do lado de dentro assistindo a um jogo de basquete, há inúmeras coisas em nossa consciência. Vemos os times se aquecendo, ouvimos o locutor nos alto-falantes e sentimos o cheiro de pipoca fresquinha. Nossa consciência imediata dessas coisas representa a mente consciente.

À medida que assistimos os dois times guerrearem, algumas coisas que acontecem na arena estão fora de nossa consciência, são essenciais para o bom andamento do jogo. Na realidade, há um universo inteiro de atividade acontecendo abaixo do andar principal do estádio, que raramente vemos e sobre o qual raramente pensamos. Essas atividades e funções representam nossa mente inconsciente.

No subsolo, os sistemas de aquecimento e de refrigeração regulam a temperatura interna. O sistema de canos possibilita que água limpa flua para dentro e águas residuais fluam para fora do estádio. Além disso, a eletricidade flui do subsolo por toda a rede do prédio, possibilitando a iluminação da quadra, a projeção da voz do locutor e ajudam os comerciantes a manterem seus produtos quentes ou frios. Mas não temos consciência de tudo o que acontece até que ocorra alguma pane. Se um curto circuito desligar as luzes e o ar condicionado, os efeitos são imediatamente evidentes para todos. É nesse momento que uma pessoa qualificada precisa descer ao subsolo para localizar e consertar o problema.

O "inconsciente" é como o subsolo. Nele estão armazenadas todas as experiências que tivemos ao crescer, tanto as boas, quanto as ruins. Todas as memórias emocionais e físicas de traumas passados e de lesões esportivas estão guardadas lá. A premissa desse livro é que os traumas presos no subsolo formam a base de todos os PRPEs. Os primeiros sinais dos yips, da relutância, ou das dificuldades de performance não são realmente o início do PRPE. Em vez disso, aparecem quando o acúmulo finalmente sobrecarrega os mecanismos de enfrentamento e irrompem na consciência. O problema de arremesso de Mackey Sasser surgiu pela primeira vez, brevemente, em 1987, depois que um foul tip atingiu o ombro com o qual arremessava. Seu problema se manteve relativamente sob controle e praticamente invisível por três anos até que o sobrecarregaram, mas *as raízes de seus yips tinham fermentado por muitos anos antes de 1987*. Essa é a dinâmica que vemos com todos com os quais trabalhamos.

Atletas que começam a ter dificuldades com PRPEs notam uma batalha interna entre suas esperanças e seus medos. *É a batalha entre o diálogo interno positivo e o negativo que é, frequentemente, o primeiro sinal de que um problema de performance está surgindo.* Os atletas descrevem essa negatividade como borbulhando do fundo (subsolo) de suas mentes. Essa sensação pode ser tão poderosa que não conseguem livrar-se dela. Esses medos e dúvidas avisam o atleta, antecipadamente, que não importa o quanto se esforçar, irá falhar.

Além do fato de que essas vozes medrosas, negativas, que duvidam do inconsciente, na maioria das vezes têm uma intenção subjacente positiva, o que mais podemos aprender delas? De onde se originam e quem realmente fala?

Muito frequentemente, as vozes internas da dúvida e do medo que escutamos são muito antigas e vêm de bem cedo na vida. Essas vozes originam-se de nossas primeiras interações com as pessoas mais importantes com quem crescemos. Mãe, pai, irmãos e outros cuidadores são os primeiros indivíduos significativos em nossas vidas. Frequentemente, o que escutamos em nossas mentes reflete o que escutamos dessas influências importantes: tanto o bom quanto o ruim. Essas vozes são expressão de nosso eu mais profundo que se desenvolveu ao longo de muito tempo.

    Se nossas famílias nos tratam com bondade, compaixão e elogios, "internalizamos" essas vozes e nos tratamos assim à medida que amadurecemos. Na realidade, muito de nosso diálogo interno positivo advém do que escutamos nessas interações precoces construtivas. Se esses cuidadores e indivíduos foram consistentemente indelicados, críticos e humilhantes, no entanto, aprendemos a nos tratar também dessa forma destrutiva. Assim, nosso diálogo interno negativo tem suas raízes nessas comunicações primárias. Acrescente-se a isso nossas interações subsequentes com professores, técnicos e colegas de time na infância e na adolescência e vemos como nosso diálogo interno é reforçado. O atleta perfeccionista provavelmente cresceu com pais perfeccionistas e sua impaciência consigo mesmo foi provavelmente reforçada por um técnico impaciente.

Lidando Com O Diálogo Interno "Negativo"

    O falatório do diálogo interno negativo não precisa disparar o alarme nem convocar as tropas para batalha. *Em vez de adotar uma relação de adversário com essa parte de nós mesmos, precisamos aprender a responder a ela de forma mais curiosa, relaxada e acolhedora.* Nosso chamado diálogo interno "negativo" não é a voz do inimigo. Em vez disso, é a voz de um amigo que, apesar de aparentemente mal orientado, na verdade tem uma motivação positiva. Esse amigo está, na realidade, tomando conta de nosso bem estar e tentando nos manter em segurança, mas não valorizamos como ele faz isso, principalmente quando os subprodutos disso são frustração e perturbação. Simplesmente não queremos despender energia valiosa guerreando contra essa parte "negativa".

    Na Psicologia do Esporte tradicional, o atleta é estimulado a combater a negatividade e substituí-la com o "diálogo interno positivo". O objetivo último é desafiar e até banir o crítico interno, mas quando tentamos subverter esse crítico, ele volta com mais força ainda. Isso geralmente é manifestado em nossos corpos como aumento de ansiedade, falta de coordenação e resposta de congelamento. Os temidos yips de performance representam o estágio final na tomada hostil por parte dos críticos. A mensagem é clara: "Você não escutou. Você não me deixou outra alternativa que não fosse te paralisar!" Assim, o que começa como um único arremesso maluco, errático, que passa por cima da cabeça do receptor, termina com o arremessador não sendo capaz de jogar uma bola curta a 6 metros de distância.

Estimulamos o atleta a criar o hábito de *simplesmente perceber* o diálogo interno negativo e a compreender que a motivação dele vai além das palavras geradoras de ansiedade em nossa cabeça. Se abandonamos o papel de adversário e o escutarmos com *abertura*, começamos a compreender que o falatório interno é a expressão de um corpo tentando, desesperadamente, conseguir nossa atenção consciente.

Segue um exemplo de um diálogo interno, um vai e vem, que costumava acontecer na mente de Calder, o arremessador universitário do Capítulo 4.

Crítico (após um arremesso errático): Você é um fracasso!
Self: O que?
C: Você me ouviu! Você é um fracasso! Você estragou tudo!
S: Sai fora!
C: Você é um fracasso e vai fazer isso de novo. Eu sei disso!
O Self tenta ignorar a voz e concentrar-se no próximo arremesso, que é ainda pior do que o primeiro.
C: Viu? Eu disse que você ia fazer de novo! Você é tão *ruim*! Nem sei como você conseguiu entrar no time!
S: Cala a boca!
C: Eu calo a boca quando você parar de fazer tudo errado!

Essa batalha interna sempre acabava com os arremessos de Calder ficando progressivamente piores até ele ser tirado do jogo. Ensinamos Calder a lidar com seu crítico interno da seguinte forma:
Crítico (após um arremesso errático): Você é um fracasso!
O Self escuta, mas não responde.

C: Estou falando com você. Controle-se homem! Me escuta! Você é um fracasso!
S: Estou te escutando. Você tem alguma sugestão?
C: Hein?
S: Você tem alguma sugestão que possa me ajudar?
C: Não arremesse com tanta força!
S: Boa sugestão. Obrigado por sua ajuda.
C: Só isso?
S: Sim!

Aprender a desvencilhar-se da batalha com o crítico interno requer tempo, paciência *e muita prática*. No começo, raramente funciona tão facilmente quanto o mostrado no diálogo acima. *Talvez o primeiro passo que um atleta possa dar seja simplesmente escutar o falatório do ponto de vista de um observador externo e não julgar, nem avaliar o que ouve. Não brigar contra essa parte do eu;* apenas observar o que ela diz. Essa postura de observador trará uma sensação muito diferente para o crítico dentro de você e acabará por tirar um pouco da pressão do ataque. Quando você responde a seu critico interno como se ele fosse parte importante de seu "time", ele finalmente começa a ceder.

Essa capacidade de acompanhar, momento a momento, o que acontece em sua mente sem envolver as emoções e sem julgamento chama-se "mindfulness" que vem da prática da meditação. É uma das habilidades mentais que irão te ajudar a fazer a transição do bloqueio de performance para a expansão da performance. Em sua essência, trata-se de uma forma de aprender a confiar em si mesmo, em seu eu mais profundo.

No próximo capítulo vamos descrever nosso modelo pioneiro de tratamento para trabalhar com atletas. Com base nos resultados que obtivemos de forma consistente com todos os tipos de PRPEs, em uma ampla gama de esportes, acreditamos que nossa abordagem de tratamento seja inovadora e destinada a mudar os conceitos e práticas do campo do esporte e da psicologia da performance.

Capítulo 9 – Tratamento: O trabalho de Brainspotting no esporte em ação

Ao longo desse livro, fizemos alusão ao processo de tratamento. Neste capítulo, vamos oferecer uma descrição detalhada de nossa abordagem única. Com base nos resultados que obtivemos, acreditamos que nosso modelo seja inovador.

Os psicólogos do esporte tradicionais têm falhado ao trabalhar com fases ruins, bloqueios, ansiedade e PRPEs. A abordagem deles, que eu (AG) usei por 17 anos, aborda apenas os *sintomas conscientes*, raramente alcançando as causas subjacentes. Chegando ao que está em baixo, às causas como lesões passadas e outros traumas, alcançamos mudanças profundas e duradouras. Fazemos isso utilizando instrumentos poderosos, focados, que localizam e nos liberam dos traumas no cérebro e no corpo.

O Trabalho de Brainspotting no Esporte tem muito pouco a ver com a tradicional terapia baseada na fala. A crença na terapia verbal é que falar sobre e aliviar problemas anteriores acaba por ajudar o cliente a curar-se. A terapia verbal pode descobrir experiências perturbadoras da infância que contribuem para os problemas no presente, mas o tratamento é frequentemente longo e ineficaz.

O tratamento que depende do *relato verbal consciente* é problemático porque frequentemente o cliente é incapaz de articular o problema ou não tem consciência dele. Os atletas que lutam com os PRPEs não conseguem compreendê-los, porque as reações de congelamento não têm relação alguma com processos conscientes, mas são, em vez disso, produtos de traumas frequentemente há muito esquecidos, que ainda estão inconscientemente guardados em seus corpos. A ginasta, incapaz de realizar um movimento para trás na trave de equilíbrio, pode não ter qualquer ideia do que acontece antes e durante o movimento. O que ela tem consciência é de que depois de subir na trave, não consegue fazer com que seu corpo se mova para trás. Falar com ela sobre o problema e ensinar a ela estratégias *conscientes* para superar isso é completamente ineficaz.

Foram minhas (AG) experiências repetidas de fracasso com muitos atletas bloqueados que me convenceram de que a abordagem mais consciente e cognitiva da Psicologia do Esporte era inadequada para resolver os PRPEs. A peça que faltava acabou sendo o *corpo do atleta*, que sempre contém as pistas para a compreensão e a resolução do problema específico de performance.

O Trabalho de Brainspotting no Esporte explora traumas físicos e emocionais sem trabalhar com eles novamente de forma apenas consciente. Como consequência, não estimulamos os atletas a falar ou a pensar em eventos passados. Em vez disso, nosso modelo atinge diretamente os locais no cérebro e no corpo do atleta onde esses traumas físicos e emocionais estão congelados. Experiências passadas emergem espontaneamente em nosso processo e temos técnicas para diminuir e desativá-las - por exemplo, usando Brainspotting, que usa posições oculares para localizar onde o corpo guarda o problema. Ao manter essa posição ocular, com o atleta olhando fixamente para uma ponteira, o cérebro pode processar e liberar os efeitos do trauma no presente. (Descreveremos e ilustraremos isso depois, neste capítulo) Esse instrumento de cura ajuda o atleta a voltar a ser "ele mesmo", à medida que o PRPE se desfaz quando não tem mais sustentação.

De modo semelhante ao que ocorre com outros modelos de tratamento, o nosso começa com a avaliação do problema. Um PRPE é um quebra-cabeça e nossa tentativa é a de identificar as peças intricadas necessárias para uma solução global. Como e quando o problema se manifestou? Qual é a experiência física que o atleta tem do problema? Que emoções estão associadas ao PRPE? Há quanto tempo o PRPE está presente? Quando chegou a seu pior ponto?

O atleta nos foi encaminhado por uma razão. Talvez esteja assoberbado, com ansiedade de performance e se desmonte em jogos ou testes de seleção importantes. Talvez não consiga mais dar uma cambalhota para trás, devido ao medo incapacitante de machucar-se novamente. Talvez se esquive do contato mais duro e fique hesitante quando sob pressão ou talvez vomite antes dos jogos há vários meses. Ao esclarecer o problema atual, identificamos com precisão as circunstâncias de seu início. O que estava acontecendo na vida do atleta quando o PRPE surgiu pela primeira vez? Como os técnicos do atleta e pais responderam a isso? Como estão respondendo agora?

A maioria das pessoas no esporte não se dá conta de que o surgimento de um PRPE não corresponde ao *início* do problema. Na verdade, todos os envolvidos testemunham o *produto final* de uma longa sequência de eventos acumulados. O problema emerge com um "evento disparador", como uma nova lesão, uma performance ruim ou como uma experiência emocionalmente perturbadora dentro ou fora do campo.

Uma metáfora para esse processo é a de uma árvore caindo. Uma árvore não se desenraiza repentinamente. Ela esteve no processo de cair por muito tempo. Durante as semanas, meses, e anos anteriores, a árvore foi sistematicamente enfraquecida por inúmeras forças internas e externas de doenças, infestação por insetos e eventos climáticos. O ato final de cair em um dia específico de tempestade não é o simples resultado do vento forte, mas de uma longa sequência de forças invisíveis.

Uma vez que tenhamos uma boa ideia da aparência e da sensação do PRPE sob a perspectiva do atleta, exploramos suas raízes. Como discutimos em capítulos anteriores, nossa teoria é a de que os problemas repetidos de performance têm base no trauma. Experiências traumáticas estão congeladas no cérebro e no corpo do atleta e esse resíduo gera ansiedade, medo, tensão física e hesitação. Ao identificar e depois processar sistematicamente cada um desses traumas passados, o atleta consegue superar com sucesso o PRPE e retornar à performance ótima.

Descobrimos as raízes do PRPE colhendo uma história completa de lesões e traumas, começando desde quando é possível o atleta lembrar-se. Definimos "trauma" como qualquer coisa que tenha sido física ou emocionalmente perturbadora para *o indivíduo*. Pode ser algo que aconteceu diretamente com o atleta ou algo que o atleta tenha testemunhado acontecendo com outra pessoa. Técnicos ou pais podem interpretar o evento como relativamente benigno, *mas é a experiência do atleta que determina se o evento é traumático ou não*. Uma ginasta que perde a noção de localização espacial no meio de um movimento, cai de costas e perde o fôlego pode recordar desse evento com terror. Apesar dos comentários de desprezo de seu técnico de que a queda foi "rotineira", incluímos isso na história de trauma, por causa do *significado emocional para a atleta*.

Quando colhemos a história de lesões, o atleta frequentemente afirma que nunca *realmente* se machucou, ou que "não foi nada de tão grave" e que agora é passado. Isso é verdade especialmente com atletas do sexo masculino, que têm necessidade de desprezar experiências de dor e lesões como se fossem sinal de fraqueza. No entanto, *só porque um evento foi conscientemente esquecido, não significa que o corpo não se lembre*. Lesões aparentemente menores que são inconscientemente armazenadas no sistema nervoso do atleta podem afetar a performance, a não ser que sejam processadas.

Diagrama/Tabela 10
HISTÓRIA DE TRAUMAS/LESÕES

7 anos	concussão leve ao cair da bicicleta
9 anos	irmão mais velho envolvido em acidente automobilístico grave – paralisado como resultado
10 anos	Luxação cotovelo direito (braço de arremesso) quando foi empurrado para trás
11 anos	15 pontos em polegar direito ao bater com a mão em uma janela 4 pontos atrás da cabeça após colidir com a cerca no beisebol Sarampo
14 anos	Fratura braço esquerdo esquiando
15 anos	Técnico predileto sai e se muda para o outro lado do país Cortado do time que viaja
17 anos	Humilhado por técnico do ensino médio durante o Torneio Estadual depois de ser eliminado por strike.... técnicos de universidades observando Fratura de polegar direito ao escorregar para o home plate
18 anos	Tendinite grave no braço de arremesso por quase 4 meses
19 anos	Técnico da universidade me colocou no banco de reserva em um jogo importante depois que cometi erros
20 anos	Perdi a posição de titular para um calouro Mãe diagnosticada com câncer

Um histórico de lesões

Fazer o levantamento dessas histórias é vital para o Trabalho de Brainspotting no Esporte, porque nos ajuda a compreender a raiz do problema e a individualizar nosso tratamento para cada atleta.

Às vezes, esse processo de tratamento é bem direto e simples; outras vezes, é bem complexo. James me foi encaminhado (AG) porque seus tempos de corrida no esqui estavam muito piores do que os da temporada anterior. Seu técnico disse que ele apoiava-se muito atrás em seus esquis e que parecia esquiar com medo. Independentemente de mudanças conscientes na técnica, James não conseguia mais inclinar-se para frente e atacar o percurso. Sua história precoce não revelou eventos significativos e seu único trauma tinha ocorrido durante a temporada anterior, quando rompeu o ligamento cruzado anterior direito em uma queda durante uma corrida. Conseguimos processar os efeitos dessa queda e James rapidamente voltou à forma ótima.

Pam era uma líder de torcida que ficava tão preocupada antes de competições que acabava por vomitar. Seu ritual não intencional de vomitar antes de uma performance a deixava esgotada, sabotava a performance e ameaçava sua posição como titular na equipe de elite. Diferentemente de James, Pam tinha uma história extensa de lesões, incluindo duas concussões, um punho fraturado, um cotovelo deslocado, uma mordida de cachorro no rosto e a queda de uma árvore. Esse histórico de lesões foi complicado ainda mais por um transtorno de ansiedade subjacente, que piorou depois que seus pais se divorciaram, quando ela tinha oito anos de idade. A natureza extensa da história de traumas de Pam, acoplada a seu transtorno de ansiedade fez com que o processo de tratamento fosse mais complexo e gradual do que o de James, mas com o tempo e com o Trabalho de Brainspotting no Esporte, ela conseguiu desempenhar novamente em nível elevado, sem náusea nem ansiedade.

No diagnóstico inicial com um novo cliente, separamos cuidadosamente todos os fatores esportivos e pessoais, incluindo relações com técnicos, pais, irmãos, amigos e colegas de equipe. Em nosso trabalho, uma depressão subjacente bem como uma ansiedade pré-existente, podem complicar e prolongar o tratamento. A depressão em um atleta é frequentemente "reativa", uma resposta às dificuldades de performance.

Atletas sérios geralmente exigem muito de si mesmos e derivam sua autoestima do desempenho elevado. São conhecidos por suas conquistas esportivas, que alimentam seu senso de serem especiais. Quando esses atletas têm dificuldades é um baque para suas identidades e sua autoestima. O arremessador conhecido por sua velocidade, controle, habilidade e força física, que inexplicavelmente não consegue arremessar na zona de strike, enfrenta uma realidade perturbadora. O que costumava trazer sentimentos de alegria, orgulho e conquista agora o deixa com frustração, vergonha e fracasso. O resultado dessa "queda de reputação" são sentimentos depressivos que se infiltram em sua vida.

O atleta de elite com dificuldades é atormentado por ansiedade intensa, além de depressão. A ansiedade manifesta-se como pensamentos obsessivos em relação ao problema e o temor de que "aquilo" acontecerá novamente. Essa ansiedade antecipatória deixa o atleta em estado de perigo interno que tensiona ainda mais os músculos já tensos, distrai o foco e determinada a persistência das dificuldades de performance.

A ansiedade de performance é um subproduto do que chamamos de efeito de lente de aumento. Os atletas frequentemente atuam diante de uma plateia que, dependendo do nível da competição, pode chegar a dezenas de milhares de pessoas. A mídia esportiva analisa exaustivamente a performance dos atletas, aumentando de forma cruel erros e falhas. A exposição pública gera intensa humilhação e é, em si mesma, traumatizante. A importância excessiva dada ao resultado no esporte é uma fórmula certeira para gerar estresse interno intenso nos atletas, pois seu valor como indivíduo é estreitamente definido pelo sucesso de seu desempenho hoje. Essa prática cria um campo fértil para PRPEs.

O Trabalho de Brainspotting no Esporte baseia-se na crença fundamental de que cada caso é diferente e cada tratamento deve ser feito sob medida para as necessidades específicas do atleta. Nosso tratamento é sempre de natureza *exploratória*. Assim sendo, não temos um modelo pré-definido no qual encaixamos todo atleta, como ocorre na Psicologia do Esporte tradicional. Não ensinamos aos atletas o ensaio mental, as técnicas de relaxamento ou os métodos para lidar com diálogo interno negativo. Em vez disso, escutamos cuidadosamente a história única que o cérebro e o corpo de cada atleta nos conta sobre a origem e a função do problema de performance. Permitimos que cada história seja nosso guia. Esse processo de contar histórias leva o atleta a ativar internamente o que quer que o incomode.

Como mencionado anteriormente neste capítulo, nosso instrumento mais essencial é a técnica desenvolvida por David Grand, chamada Brainspotting. É uma abordagem abrangente que localiza, de forma poderosa, o trauma no cérebro e no corpo, de forma incrível, pela posição ocular. Diz-se que "os olhos são a janela para a alma", mas temos descoberto que os olhos também são a janela para o cérebro e para o corpo. O Dr. Grand descobriu que a posição ocular em uma pessoa que está ativada em relação a uma questão revela onde o cérebro guarda o trauma e onde o corpo o reflete. Há duas maneiras de se encontrar posições oculares específicas.

Nas duas formas, começamos pedindo ao cliente para levar o foco de sua atenção internamente, e "ativar-se" em relação à questão. A ativação é o processo de começar a fazer contato com os pensamentos, as emoções e as sensações corporais que geram ansiedade. Há inúmeras maneiras de conseguir essa ativação. Podemos, inicialmente, pedir ao atleta que se coloque *mentalmente* na situação temida. O arremessador errático de softbol, que morre de medo de ser atingido por uma bola voltando em sua direção, pode imaginar isso de forma vívida nesse momento. Ou podemos *literalmente* levar um atleta para uma situação que provoque ansiedade, levando um golfista, que luta contra os yips sempre que tem que executar um chip shot[16], para um campo de golfe e pedir a ele que execute um chip shot de 20-25 metros.

Em seguida, pedimos ao atleta para avaliar seu nível de ativação de 0 a 10, sendo que 0 representa nenhuma ativação e 10 representa a pior ativação possível. Números ajudam-nos a ver onde começamos, para onde vamos no processo e finalmente

---

[16](n.t.) Tacada feita próxima ao *green*.

quando terminamos (quando alcançamos um 0). "Escutamos" cuidadosamente o que o corpo tem a nos "dizer", perguntando ao atleta onde ele sente a ativação em seu corpo. Quando se imagina arremessando a bola para um rebatedor imponente, um arremessador com dificuldades pode notar uma sensação de pânico em seu estômago e uma tensão no punho da mão que usa para arremessar. Um golfista diante de um chip shot pode sentir tensão e formigamento que sobe e desce em seus antebraços e bíceps. Essa tensão física pode ser acompanhada por vergonha, que é sentida como um calor no rosto e no pescoço. Uma vez que a localização e a intensidade tenham sido determinados, o atleta está pronto para o próximo passo, que é a chave para o Brainspotting.

Diagrama/Tabela 11
ESCALA "SUDS" OU NÍVEL DE ATIVAÇÃO

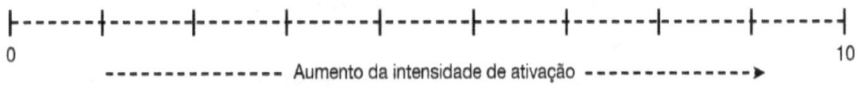

A escala SUDS

Mencionamos que há duas maneiras de se encontrar a posição ocular que localiza o problema no cérebro e no corpo. A primeira forma é o atleta acompanhar o dedo do terapeuta, ou uma ponteira, enquanto ele percorre lentamente seu campo visual. O terapeuta observa atentamente o rosto e os olhos do atleta, procurando respostas reflexas. Um exemplo disso pode ser um tremor dos olhos ou um congelamento, engolir com força ou uma inspiração rápida (inúmeros outros reflexos também são usados). Quando qualquer uma dessas manifestações é observada, o terapeuta simplesmente mantém seu dedo parado e pede ao atleta que sustente o olhar. O trauma ativado foi localizado e começa a ser processado.

A segunda forma de encontrar-se a posição ocular começa, novamente, com o atleta acompanhando o dedo do terapeuta enquanto ele atravessa o campo visual. Desta vez, o terapeuta pede ao atleta para observar em que posição ocular ele sente mais ativação no corpo. Compete ao atleta identificar o ponto de ativação. Uma vez que tenha encontrado o ponto, está pronto para começar. O atleta continua a olhar diretamente para o dedo ou para a ponteira, enquanto acompanha sua experiência interna a cada momento. Dessa forma, o trauma ativado é encontrado, mantido em foco e começa a ser processado.

À medida que acompanhamos a ativação no corpo do atleta, os pensamentos e os movimentos que criam obstáculos ao desempenho do atleta começam a se desfazer. A ativação começa a ser liberada e o nível de perturbação do atleta diminuiu progressivamente. O processamento que fazemos como parte do trabalho não é previsível, nem controlável. Ao contrário, é uma expressão espontânea, no momento, do que acontece dentro do atleta. O único pressuposto que temos em nosso modelo é que a *resposta jaz dentro do atleta*.

O cérebro profundo e o corpo estão muito além da consciência do atleta e são inacessíveis às regiões pensantes e de fala de seu cérebro. A mente consciente raramente compreenderá e seguirá as conexões que o cérebro profundo faz durante a ativação e o processamento. No entanto, a **compreensão consciente e o insight não são necessários para o processamento** bem sucedido do trauma acumulado. Vamos olhar o caso de Jerry, por exemplo.

Jerry era um profissional experiente de corridas de BMX que procurou atendimento por conta própria, devido a problemas em suas corridas mais importantes. Ele consistentemente andava relaxadamente e com confiança no treino e em corridas menos significativas. Quando chegavam eventos de âmbito nacional, no entanto, inexplicavelmente ficava nervoso e fisicamente tenso antes das provas. Seu nervosismo era alimentado pelo diálogo interno negativo sobre todas as coisas que poderiam dar errado durante a corrida, incluindo colisões e lesões graves. Como resultado dessa ansiedade, andava de forma defensiva e lenta, muito aquém de sua capacidade. Era especialmente frustrante, para Jerry perder para adversários muito mais fracos. Três anos antes do surgimento do problema, Jerry era um dos melhores competidores do país, ganhando vários eventos nacionais e internacionais.

Jerry tinha sofrido uma série de traumas durante sua vida e sua carreira de motociclista. Aos 12 anos quebrou o punho ao cair de um cavalo. Sofreu inúmeras concussões de acidentes durante corridas, acumulando quatro delas em um único ano! Jerry também fraturou o polegar e o outro punho e sofreu fissura em um osso de seu ombro durante uma corrida. Em uma corrida nacional, três anos antes de seu PRPE surgir, Jerry estava em alta velocidade quando outro motociclista, atrás dele, perdeu o controle e bateu em Jerry, lançando-o por cima do guidom da moto. Jerry aterrissou sobre o ombro, sofrendo fraturas em três lugares. Essa lesão foi a mais dolorosa de sua vida e demandou cirurgia. Ele não foi mais o mesmo desde então, sentindo-se estranhamente tímido quando próximo de outros corredores, trombando e o empurrando.

Jerry sofria, sem o saber, de sintomas clássicos de TEPT. Sua resposta de medo a corridas com muita pressão era um flashback de seu trauma. Esse tipo de reação defensiva também é encontrado em pessoas que sofrem de TEPT, que sobreviveram a assaltos, guerras, acidentes industriais ou a colisões automobilísticas. Um terapeuta de trauma precisa do know-how e de instrumentos eficazes para ajudar um sobrevivente de trauma. Modificamos e expandimos esses instrumentos do campo do trauma para resolver, de uma vez por todas, os priores PRPEs.

Depois de fazer um levantamento extenso da história de lesões, eu (AG) comecei a fase de ativação pedindo a Jerry para repassar mentalmente seu evento gatilho. O seguinte diálogo, que aconteceu enquanto *Jerry estava simultaneamente ouvindo sons bilaterais*, que são parte integrante do Brainspotting, mostra como a ativação leva ao processamento e à resolução.

Dr. G: Quando você pensa naquele acidente específico, Jerry, o que mais chama sua atenção *agora*?
J: Vejo e sinto como se estivesse acontecendo neste exato momento. A dor é a pior parte. É excruciante e aterrorizante. É a pior dor que já senti em minha vida.

Dr. G: Posso supor que a dor seja um 10 naquela escala de 0 a 10?
J: É um 20!
Dr. G: Ok, agora acompanhe essa ponteira com os olhos e me diga onde você sente a maior ativação.
J (acompanhando da direita para a esquerda): Bem aí (apontando para sua esquerda). Eu *realmente sinto* a ativação aí.
Dr. G: OK, vamos trabalhar com isso imediatamente. Vá para dentro e note o que vem em seguida... e o que vem depois disso.
J (depois de 30 segundos): Estou estirado no chão. O paramédico empurra e cutuca meu ombro, tentando movimentá-lo. Tenho vontade de arrancar a cabeça dele. Ele não entende que estou sentindo dor e que está fazendo a dor piorar. Sinto vontade de vomitar.
Dr. G: Continue e veja onde isso te leva.
J (depois de 30 segundos): Isso é esquisito. Estou vendo imagens passando de todo o acidente. Está passando quadro a quadro. Agora estou no hospital, enjoado feito o diabo. Estou recebendo morfina endovenosa. Sinto o calor subir pelo braço. Agora está tudo preto. Desmaiei.
Dr. G: Continue a olhar para a ponteira e veja aonde isso te leva.
J (depois de 45 segundos): Agora estou repassando alguns dos acidentes com todas aquelas concussões. É como se eu os estivesse vendo numa tela, mas estou tomado por ansiedade. Está andando pelo meu corpo.
Dr. G: Bom trabalho. Continue.
J (depois de 45 segundos): Estou vendo o acidente original, mas agora está em pedaços. Outras imagens passam por minha cabeça. O estresse caiu para 5.
Dr. G: OK, vamos ver aonde isso te leva.
J (depois de 30 segundos): Isso é muito esquisito. As imagens estão piscando e depois se quebrando. Cada vez a ansiedade cai um pouco. Está em 03.
Dr. G: Ótimo, continue.

J (depois de 30 segundos): Vejo imagens aleatórias das corridas, mas estão em preto e branco.
Dr. G: Continue.
J (depois de 30 segundos): O filme acabou de passar novamente em alta velocidade. Meu corpo chegou a 1. E o que é esquisito é que minha mente ficou completamente vazia.
Dr. G: Muito bom. Continue.
J: Minha mente ainda está vazia e meu corpo muito relaxado.
Dr. G: Bom. Agora vamos checar novamente o começo. Como você vê e sente o acidente agora, quando você faz contato com ele?
J: Totalmente diferente. Mal consigo vê-lo. Isso é estranho. A dor sumiu.
Dr. G: Veja para onde isso vai a partir daí.
J (depois de 30 segundos): Isso foi estranho. A coisa toda passou de novo em alta velocidade, só que dessa vez não fui lançado sobre o guidom. Eu apenas completei a corrida normalmente. Então pulei adiante para minha próxima corrida. Sinto quase como se não tivesse acontecido, mesmo que ainda consiga lembrar dele.
Dr. G: Ótimo trabalho, Jerry.
J: Como essa coisa funciona?
Dr. G: Seu cérebro acabou de curar-se, sozinho.

Jerry retornou após a sessão inicial e afirmou que pela primeira vez em três anos não estava tão nervoso em relação às corridas como antes. Nas sessões subsequentes, processamos outros traumas até que ele não sentisse qualquer estresse físico ou emocional quando pensava neles. Alguns foram processados no mesmo Brainspot à esquerda, enquanto outros situavam-se em outras posições oculares.

Duas semanas depois dessa sessão ele competiu em uma corrida regional e relatou que bateu o cotovelo contra outros corredores e não tinha se esquivado. Na realidade, *nem tinha se dado conta* do contato até que sua esposa apontou, depois, que ele parecia seu antigo e confiante Eu. Então se deu conta de que seu medo não tinha sido disparado durante o empurra-empurra. O que está claro do caso de Jerry e do diálogo de sua sessão é o quanto o processo de tratamento de PRPEs é neurológico. As imagens incríveis que Jerry relatou eram seu cérebro espontaneamente se curando, momento a momento. Eu não o guiei por meio de qualquer instrução específica. Uma vez que ele estava ativado e focado em um Brainspot, confiei que seu cérebro saberia exatamente aonde ir. Eu simplesmente o segui.

O processamento, que é absolutamente necessário ao nosso trabalho, segue o princípio de que a resposta encontra-se dentro do indivíduo. O cérebro profundo do atleta sabe exatamente aonde ir para resolver o problema. Uma vez que uma questão tenha sido ativada no cérebro e no corpo do atleta, o processamento funciona pedindo ao atleta para adotar uma postura de observador que "deixa acontecer". O indivíduo é orientado a acompanhar sua experiência interna aonde ela for, passo a passo. O atleta é orientado a abrir mão de todas as expectativas e julgamentos, e a não tentar guiar o processo conscientemente. A pessoa deve apenas manter uma postura de curiosidade relaxada, enquanto observa a mente pular para lá e para cá. Essa postura relaxada, sem julgamento, de deixar acontecer é semelhante à mentalidade que um atleta precisa adotar para o desempenho ótimo. Na realidade, quando os atletas falam de "estar na zona", aquele estado fugidio de performance ampliada, descrevem a mesma mentalidade relaxada, de deixar acontecer.

Como ilustrado no caso de Jerry, alguns traumas são processados rapidamente. O processamento de outros traumas pode demandar mais tempo. Em todo o processamento, prestamos atenção cuidadosa ao corpo do atleta para escutar ecos de lesões e traumas passados.

Outra forma importante de escutar o cérebro e o corpo de um atleta é a técnica que chamamos de *micromovimento*. O micromovimento envolve orientar o atleta a realizar fisicamente os movimentos nos quais tem dificuldade, mas em câmera muito lenta. Pedimos ao golfista que realize o giro, ao arremessador que jogue, ao goleiro que mergulhe à direita, ao rebatedor que faça uma tentativa, à ginasta para iniciar uma reversão para trás muito lentamente.

À medida que o atleta passa por esses movimentos, procuramos sinais minúsculos de tensão física ou emocional, tais como arranques, saltos ou repuxões, que perturbam a execução suave e fluida do movimento. Também pedimos ao atleta para relatar qualquer perturbação física ou emocional que possa surgir nesse processo. Quando localizamos o ponto onde o movimento está afetado, orientamos o atleta a manter essa posição e a observar o que surge. Continuamos, passo a passo, ao longo de todo o movimento. Esses pulos e arranques indicam onde experiências negativas foram armazenadas no corpo. Nossa técnica de micromovimentos ajuda a localizar e liberar as experiências. Essa técnica promove mais fluidez e confiança, ao liberar silenciosamente experiências acumuladas contidas ao longo do movimento.

Uma variação da técnica do micromovimento orienta o atleta a reencenar fisicamente uma lesão em câmera extremamente lenta. O esquiador que rompeu o ligamento cruzado anterior foi estimulado a repetir gradualmente os movimentos onde seu esqui encostou em algo, ele perdeu o controle e começou a cair. A ginasta que fraturou o braço foi orientada a repetir o impacto de cair para trás em câmera lenta. Para o arremessador atingido na cabeça por uma bola rápida que voltava pela linha do meio, seguramos uma bola a uma distância de três metros dele e a movimentamos em sua direção muito lentamente. Como com todos os exercícios de micromovimentos, monitoramos muito de perto as respostas físicas e emocionais do atleta. Toda vez que o nível de perturbação se eleva ou surgem sensações físicas, orientamos o indivíduo a parar nessa posição e a observar seu processo interno. Isso ajuda tanto a liberar quanto a completar a experiência interrompida.

É importante notar que não é possível ativar o corpo sem, simultaneamente, ativar o cérebro. Tudo o que é sentido no corpo é espelhado no cérebro. A técnica dos micromovimentos identifica e libera lesões e traumas armazenados duplamente. O cérebro se observa, localiza e foca no problema no corpo.

Confiamos que o cérebro e corpo do atleta contêm a resposta. Assim sendo, nosso tratamento *segue* os atletas, em vez de os *guiar*, que é o que é feito na maioria das abordagens da Psicologia do Esporte. Na maioria dos métodos, presume-se que o psicólogo do esporte tem as respostas e, por isso, dá respostas diretamente e ensina técnicas aos atletas. Se a performance não melhor é tarefa do psicólogo do esporte tentar alguma outra coisa para resolver o problema. Dessa forma, o modelo da Psicologia do Esporte tradicional para PRPEs tanto *direciona*, quanto **prescreve** soluções.

Em nosso modelo, *colaboramos com* o atleta da mesma forma que um arremessador e um receptor trabalham juntos. O cliente-atleta é o arremessador que *inicia* a ação e nós, terapeutas, somos os receptores que *recebemos* a ação. Apesar de o receptor chamar os arremessos por meio de sinais, é tarefa do arremessador receber esses sinais e decidir se vai ou não segui-los. Dessa forma, o arremessador, em última instância, faz a maior parte do trabalho e o receptor tem pouco controle sobre os arremessos.

Como mencionamos antes, estimulamos o cérebro bilateralmente para impulsionar o processamento. Isso é feito com auxílio de um CD especialmente desenvolvido para essa estimulação bilateral e que promove o movimento contínuo e alternado de som entre os ouvidos direito e esquerdo. Outro instrumento primário é o Brainspotting, que discutimos anteriormente. Aqui está um exercício que demonstra os estágios iniciais da ativação e o trabalho de processamento:

Passo 1 – Lembre-se de uma performance constrangedora ou de uma lesão esportiva perturbadora.

Passo 2 – À medida que você revê o incidente, observe o que acontece em seu corpo. Esteja atento a quão rapidamente seu corpo registra e expressa essa experiência negativa. Não tente controlar o que acontece. Simplesmente *observe para onde sua mente vai, as sensações físicas e as emoções que podem surgir*. Se surgirem emoções, observe *onde as sente em seu corpo*. Se perceber qualquer *sensação física*, como tensão muscular ou dor, *observe a localização dela em seu corpo*. Avalie a intensidade dessas respostas físicas e emocionais em uma escala de 0 a 10, sendo que 0 representa nenhuma resposta e 10 representa sua resposta mais intensa.

Passo 3 – Com os olhos fechados, deixe sua mente ir para qualquer lugar por 60 segundos. Observe o que vem em seguida e o que vem depois disso.

Passo 4 – Agora avalie as sensações iniciais em seu corpo. Onde estão agora?

Passo 5 – Mais uma vez, deixe sua mente ir para qualquer lugar por mais um ou dois minutos.

Passo 6 – Agora verifique novamente as sensações desconfortáveis. Onde estão agora em seu corpo? Avalie-as novamente na escala de 0 a 10.

Passo 7 – Permita que sua auto-observação passeie por mais um minuto ou dois.

Passo 8 – Volte à experiência perturbadora original. O que, se algo, mudou mentalmente, fisicamente ou emocionalmente? A imagem está mais brilhante e mais detalhada? Ela parece mais desbotada ou mais distante? As emoções estão mais fortes, mais fracas, ou inalteradas? As sensações físicas em seu corpo mudaram ou permaneceram inalteradas? Mais uma vez, avalie a intensidade de suas sensações físicas em uma escala de 0 a 10, e verifique onde são mantidas em seu corpo.

Nesse breve exercício, você pode começar a ter uma ideia de nosso trabalho, mesmo sem o poder do som bilateral. Claro que processo de tratamento com o Trabalho de Brainspotting no Esporte é muito mais focado e poderoso do que essa experiência introdutória.

Também gostaríamos de dar a você mais uma amostra do Brainspotting. Comece com os passos 1 e 2 descritos acima e então passe para o Passo 3 aqui:

Passo 3 – Olhe para sua esquerda e escolha um objeto para focar. Olhe fixamente para o objeto por 10 segundos. Em seguida, traga seus olhos para a linha média e foque um objeto bem à sua frente por 10 segundos. Agora movimente seus olhos para a direita, encontre um objeto para focar e olhe fixamente para ele por 10 segundos. Observe qual dessas três direções produz o nível mais alto de ativação, ou as sensações físicas mais fortes.

Passo 4 – Movimente seu olhar para o objeto à esquerda, no centro ou à direita onde a ativação foi mais forte e olhe fixamente para ele por 60 segundos. Observe o fluxo de sua experiência interna – pensamentos, emoções, sensações corporais e lembranças – à medida que ela surge e passa. Enquanto continua a olhar para o mesmo ponto, siga as orientações dos Passos 4 a 8 descritos acima.

Ao determinar essas posições oculares relevantes e em seguida avaliar numericamente (0-10) a intensidade de suas respostas subsequentes, você determina a localização da experiência negativa congelada em seu cérebro e corpo. Ao manter essa posição ocular enquanto acompanha a mente que vagueia, o cérebro processa e libera profunda e completamente qualquer coisa que esteja bloqueada ou que incomode.

Neste capítulo descrevemos como o Trabalho de Brainspotting no Esporte oferece uma inovação para a resolução de PRPEs que vai muito além das estratégias cognitivo-comportamentais usadas pela maioria dos psicólogos do esporte. Isso é crítico para resolver dificuldades repetidas de desempenho, porque esses problemas não podem ser eliminados sem que se chegue à raiz do problema. Enquanto a Psicologia do Esporte restringe-se ao tratamento de sintomas, sem focar a origem subjacente, os resultados obtidos são mais limitados e provisórios. Se o atleta tiver alguma melhora do problema repetido com tal tratamento, o alívio geralmente tem pouca duração.

No Capítulo 10, discutiremos estratégias de autoajuda que abordam PRPEs. Apesar de a resolução completa de problemas de performance que têm base traumática geralmente requerer a orientação de um profissional capacitado, apresentamos exercícios que ajudam a iniciar o processo.

O Cérebro no Esporte: *Vencendo os bloquieos e ansiedade de despempenho*

Capítulo 10 - Autoajuda Para Problemas Repetidos de Performance no Esporte: O que voce pode fazer para libertar-se e voltar aos trilhos

Atletas sérios contam com força de vontade de aço e trabalho duro à moda antiga para dominar problemas e superar obstáculos. PRPEs pode fazer com que se sintam impotentes para mudar sua situação. Atacar um problema com muito trabalho é frequentemente responsável pelas conquistas do atleta, e "esforçar-se mais" é a estratégia de sucesso mais experimentada e comprovada por eles.

Quando atletas repentinamente não conseguem executar um simples arremesso ou ter um desempenho no nível elevado de sempre, no entanto, descobrem que a estratégia de esforçar-se mais *não funciona*. A maioria dos atletas que abordam seus problemas de performance com esforço extra logo descobrem que, na realidade, a performance *piora*. "Esforçar-se mais" faz com que o atleta fique mental e fisicamente tenso, impossibilitando a execução fluida e no tempo certo. Assim, esses atletas continuam a lutar e a fracassar; e seu nível de frustração aumenta.

É como se a chave que liberaria a pessoa da dificuldade estivesse presa na fechadura. O atleta fica frustrado por não conseguir sair do lugar e força a chave numa tentativa inútil para soltá-la. O que o atleta não se dá conta é que, quando ele usa a força, o mecanismo torna-se ainda mais preso. Se o atleta continuar a pressionar a fechadura, a chave acabará por se quebrar. O atleta não sabe que é necessário abordar o problema de forma mais suave, relaxada.

Como atletas precisam estar mental e fisicamente relaxados para atuar de acordo com seu potencial, a frustração e a raiva em relação a eles mesmos disparam espirais descendentes. Logo estarão lutando contra o sentimento de que nunca conseguirão reverter o quadro. O fracasso da estratégia de se esforçar mais os deixa sentindo-se confusos e impotentes. Esses sentimentos de confusão e impotência são os que abordaremos diretamente neste capítulo. É possível libertar-se das garras de um problema repetido de performance sozinho?

É importante compreender que sozinho você não consegue replicar o trabalho preciso e poderoso de ser orientado por um especialista capacitado no Trabalho de Brainspotting no Esporte. No entanto, há muitas coisas que você pode fazer usando nossas técnicas. Quando usados de forma adequada e consistente, esses exercícios e estratégias são bem poderosos e eficazes.

1 – Fazer o levantamento de sua própria história de lesões esportivas e traumas

Como discutimos ao longo de todo o livro, os PRPEs têm base traumática subjacente. Um dos primeiros passos na resolução de um PRPE é descobrir que traumas físicos ou emocionais alimentam inconscientemente seus medos e bloqueios. *Ao fazer o levantamento de sua história de traumas esportivos, lembre-se de que a crença de que um incidente passado "não foi nada", ou não poderia possivelmente estar relacionado com o problema atual geralmente é equivocada.* Sua mente consciente, entregue a si própria, não consegue compreender como funciona o sistema corpo-mente. Assim, quando fizer o levantamento dessa história, suspenda seu julgamento e inclua *todo* incidente que lembrar, que tenha envolvida *qualquer* perturbação física e/ou emocional.

Lembre-se de que "trauma" significa qualquer evento que *você* tenha vivenciado como doloroso ou perturbador naquele momento. Traumas físicos incluem quedas graves, colisões, torções de tornozelo, músculos estirados, fraturas e quase acidentes. Você não precisa ter realmente se machucado para uma experiência ser traumática para você. Ver outra pessoa se machucando gravemente pode ter um efeito traumático *grande* sobre as pessoas. Traumas emocionais podem incluir fazer o seu time perder o campeonato, cometer um erro que resulta numa perda difícil ou ter que lidar com um técnico que está constantemente com raiva é crítico e emocionalmente abusivo.

Quando fizer o levantamento de sua história de traumas, lembre-se de incluir experiências tanto de dentro, quanto de fora do esporte. Experiências de fora do esporte podem incluir cair de árvores, bater de bicicleta, cair de um skate, qualquer queda em que você tenha batido o rosto, sobrevivência a um grave acidente de carro, mudança e despedida de seus amigos próximos, brigas entre seus pais, o divórcio de seus pais ou ainda a morte de um avô(ó), de um amigo próximo, de um membro da família, ou ainda de um bicho de estimação amado. Qualquer ida a um serviço de emergência ou procedimento cirúrgico também devem ser incluídos na história clínica. Lembre-se de que cirurgia com anestesia geral é registrada como um trauma ao corpo.

Organize seu histórico em ordem cronológica o melhor que puder e tome o cuidado de observar qualquer coisa que ainda provoque sobrecarga emocional e/ou física. Isto é, ao lembrar-se de uma experiência em particular, você pode instintivamente tremer, contorcer o rosto ou responder com medo, como se o incidente tivesse acabado de acontecer. Qualquer experiência passada que suscite esse tipo de carga física e emocional no presente é importante para desvendar o mistério de seu problema de desempenho.

Uma vez que você tenha completado essa lista, experimente os seguintes passos:

Passo 1 – Feche os olhos e pense em seu problema de performance atual. Perceba as sensações associadas e *onde você as sente, neste momento, em seu corpo*. Permita-se ver, ouvir e sentir a experiência no presente.

Passo 2 – Mantenha os olhos fechados e pergunte a si mesmo: "Que memória tem a ver com isso?" *Sem conscientemente ou deliberadamente tentar pensar em uma resposta a essa pergunta,* note a primeira coisa que aparece em sua cabeça. Mesmo que a resposta, a princípio pareça não estar relacionada, *não* a dispense. Muito frequentemente, seu cérebro mais profundo fará as conexões corretas por si mesmo. A memória que aparece pode muito bem ter alguma relação importante com suas dificuldades de performance. Marque essa experiência para usar em exercícios futuros deste capítulo e então simplesmente permita que sua mente se relaxe e vá para onde ela escolher. Siga o curso de seus pensamentos enquanto estiverem se movendo. Não julgue, nem descarte nada que surgir.

2 – Estimulação bilateral e posição ocular

No Capítulo 9, discutimos a estimulação bilateral e a posição ocular como mecanismos que impulsionam o processamento no Trabalho de Brainspotting no Esporte. A estimulação bilateral representa a estimulação alternada, de um lado e do outro dos hemisférios direito e esquerdo do cérebro, e é alcançada ao escutar sons que se movimentam em um vaivém, entre o ouvido esquerdo e o direito. Essa estimulação ainda pode ocorrer por meio de toques físicos alternados entre os lados direito e esquerdo do corpo, ou ainda por meio de movimentos oculares horizontais alternados entre a direita e a esquerda.

A posição ocular, que vem da descoberta do Brainspotting pelo Dr. Grand, ajuda a revelar onde você mantém a experiência negativa no cérebro. Quando olha para a esquerda, a direita ou o centro, notará a perturbação elevar-se ou diminuir, enquanto você pensa sobre o trauma esportivo. Se parar bem no ponto onde a intensidade é maior, encontrou exatamente onde a experiência é mantida em seu cérebro. Quando você nota onde a mantém em seu corpo e simplesmente observa onde sua mente vai sozinha, o trauma começa a ser processado. Se permanecer com isso por tempo suficiente, ele diminuirá e possivelmente irá embora.

Quando você combina a posição ocular relevante com a estimulação bilateral, você acessou uma usina de cura focada. Nosso instrumento predileto para a ativação é o CD de áudio BioLateral produzido pelo Dr. Grand. O CD combina sons que se movimentam de forma calma, especialmente desenvolvidos para esse propósito, assim como sons da natureza. Além do som, ocasionalmente usamos movimentos oculares em vaivém para impulsionar o processamento. Para os exercícios deste capítulo, recomendamos que você use o CD BioLateral ou estimulação tátil bilateral. Para conseguir isso, feche e aperte suas mãos de leve, alternadamente (esquerda e direita). Você também pode fazer isso apertando seu polegar contra o dedo indicador.

Quando você usa a estimulação bilateral sem ativação focada – isto é, sem pensar especificamente em nada perturbador – o resultado é uma resposta de relaxamento. Em um primeiro momento seu cérebro explora aquilo que está em sua mente, consciente ou inconsciente, e então se desacelera até atingir um estado meditativo tipo Zen, com relaxamento corporal.

Quando encontrar a posição ocular (esquerda, direita ou centro) onde essa mobilização fica mais ativa, focalize as imagens, sons, emoções e sensações físicas do trauma lembrado, combinados à estimulação bilateral do cérebro. Acompanhar o processamento ajuda a atenuar a experiência perturbadora até que ela tenha perdido a força emocional sobre você.

Os dois exercícios a seguir, bem como todas as outras estratégias de autoajuda neste capítulo, envolvem o uso do *mindfulness*, também chamado de atenção plena. Mindfulness é uma forma de auto-observação encontrada em qualquer prática meditativa, na qual você permite que o foco de sua concentração acompanhe de forma suave seus pensamentos, sensações físicas, e suas emoções, à medida que elas mudam, a cada momento, no presente.

Se você já praticou meditação ou qualquer exercício de mindfulness antes, já está familiarizado com esse processo. Quando você combina mindfulness com estimulação bilateral e posição ocular, verificará que a experiência é mais poderosa e focada (por isso chamamos de mindfulness focado). Mesmo se não estiver familiarizado com meditação ou mindfulness, achará fácil fazer.

2A – Usando a estimulação tátil esquerda-direita

A forma mais comum de estimulação tátil é fechar e apertar de forma suave, alternadamente, as mãos esquerda e direita. Se escolher esse método, certifique-se de apertar muito levemente. Andar é outra forma de estimulação bilateral, porque quando você dá um passo, naturalmente alterna o movimento dos lados esquerdo e direito de seu corpo. Na realidade, essa é a forma que os seres humanos têm usado para processar informação por anos – é o velho "Acho que vou fazer uma caminhada e pensar sobre isso."

Passo 1 – Sente-se ou deite-se confortavelmente em um local onde possa ficar sem ser perturbado por 10 minutos ou mais. Feche os olhos e comece a apertar suavemente, de forma alternada, suas mãos esquerda e direita. Deixe que seu pensamento vagueie e perceba o que lhe vem à mente, como se sente emocionalmente e o que acontece com seu corpo. É como estar sentado no banco do passageiro, olhando para fora da janela, apenas percebendo o que passa lá fora. Apenas perceba o que vem em seguida e o que vem depois disso. Não se preocupe se as coisas que surgirem parecem não estar relacionadas ou parecem confusas. Você apenas observa seu cérebro mais profundo em ação. Continue a apertar as mãos por um ou dois minutos.

Passo 2 – Verifique o que está sentindo e a localização dessa sensação no corpo. Continue a apertar as mãos suavemente por mais um ou dois minutos e, à medida que sua mente vagueia, perceba onde ela vai e o que aparece. De vez em quando, verifique como se sente no corpo.

Passo 3 – Após alguns minutos, você pode notar uma sensação de relaxamento no corpo, como um peso confortável em seus braços ou pernas, ou uma sensação de formigamento em seus dedos e mãos. Quando essas sensações aparecerem, simplesmente perceba onde se localizam e as acompanhe à medida que se movem pelo corpo. Você pode também se dar conta de que sua mente se aquieta e até fica vazia. Isso é uma indicação de que você alcançou um estado relaxado, de equilíbrio. Continue apertando as mãos alternadamente por 5 ou 10 minutos, percebendo o relaxamento em seu corpo. No final do exercício, perceba como se sente. Depois de ter experimentado esse exercício uma ou duas vezes, está pronto para um trabalho mais focado.

2B – Trabalho com uma experiência de performance negativa, usando a posição ocular

Passo 1 - Sente-se ou deite-se confortavelmente em um local onde possa ficar sem ser perturbado por 10 minutos ou mais. Pense em uma situação no esporte, passada ou presente, que ainda te incomoda. Você pode até começar a sentir seu corpo mover-se como se estivesse na experiência original. Avalie a intensidade do quanto ela te incomoda, em uma escala em que 0 significa nem um pouco, até 10, que é o mais intenso possível. Então veja onde está a sensação incômoda em seu corpo. Agora você vai encontrar a posição ocular que contém o núcleo da experiência. Olhe para um objeto à sua direita fixamente por 10 segundos. Depois olhe fixamente diretamente adiante para outro objeto por mais 10 segundos. Depois escolha um objeto à sua esquerda e repita o procedimento. Perceba onde a experiência lhe parece mais intensa ou perturbadora: à direita, à frente, ou à esquerda. Seja qual for a direção, olhe fixamente para o ponto e perceba o que sente no corpo.

Passo 2 – Deixe sua mente vaguear, percebendo o que está em sua mente, como está se sentindo emocionalmente e em seu corpo. Apenas perceba o que vem em seguida, e o que vem depois disso. Não se preocupe se as coisas que surgem lhe parecem desconexas ou confusas. O ficar pulando de um lugar para outro indica que seu cérebro está trabalhando ativamente, mesmo que você não possa compreender. Apenas relaxe e observe o que surge em seguida. Deixe sua mente passear livremente por qualquer lugar que ela deseje. Enquanto faz isso, perceba o que e onde sente isso no corpo.

Passo 3 – Depois de dois ou três minutos, volte ao ponto de partida. Perceba como a imagem lhe parece agora, as emoções que vêm com ela, e, o mais importante, como se sente no corpo. A partir da consciência de suas sensações corporais, permita que sua mente continue por mais dois ou três minutos.

Passo 4 – Continue a fazer *vários* outras sequências curtas de processamento como essa. Depois de cada uma, volte à experiência inicial para ver como ela está agora em termos de clareza, detalhe e intensidade. À medida que prossegue com esse exercício, pode ser que note que a experiência original começa a parecer e despertar uma sensação diferente. Talvez pareça meio apagada ou até mais distante. Essas mudanças mostram que a experiência está sendo armazenada mais profundamente em seus bancos de memória e que o processo está funcionando. Na realidade, depois de algum processamento, pode ser que nem consiga mais fazer contato com a imagem original.

Frequentemente usamos o Brainspotting em nosso trabalho com atletas, às vezes isoladamente, e muitas vezes em conjunto com os estímulos auditivos. Quer isso seja feito durante um atendimento ou usado para autoajuda, a combinação das duas técnicas é a verdadeira usina de força da mudança de performance. Depois de experimentar esse procedimento, você provavelmente estará pronto para usar esses instrumentos para focar diretamente um bloqueio de performance específico com o qual esteja lutando, ou um trauma esportivo mais perturbador.

3 – Trabalho com um bloqueio de performance atual ou trauma esportivo significativo

Passo 1 – Escolha um problema de performance no esporte com o qual esteja lutando atualmente, ou uma lesão ou trauma passados, que ainda está emocionalmente ativo para você. Lembre-se de que esse trauma pode ser físico e/ou emocional. Sua escolha pode ser de um evento recente ou algo que do passado. Para esse exercício, é melhor escolher um alvo que provoque uma *reação intensa* em você. Uma boa escolha seria algo que você teme que possa acontecer de novo, como cometer um grande erro em um momento crucial, hesitar, ser humilhado por seu técnico ou medo de machucar-se mais uma vez. Não tenha medo de escolher um alvo que lhe traga sentimentos intensos. Quanto mais intensas as emoções, mais você irá liberar durante o processamento.

Passo 2 – Uma vez que tenha escolhido o alvo, feche os olhos e volte mentalmente à experiência, usando todo o tempo necessário para que ela esteja presente dentro de você. Você pode fazer disso um processo sensorial, percebendo em detalhe tudo o que vê, ouve, sente e/ou cheira. Perceba também se há emoções ligadas a essa experiência e quais são. Frequentemente esses eventos podem ser bem poderosos e disparar sentimentos de medo, confusão, raiva, tristeza ou vergonha. Usando a escala de 0-10, escolha o número que representa a intensidade do que sente. Lembre-se de que 0 representa nenhuma perturbação e 10 representa a pior perturbação possível. Não se preocupe com a exatidão do número, porque é subjetivo. Em seguida, foque exatamente onde no corpo você carrega essa perturbação.

Passo 3 – Agora encontre a posição ocular que contém o núcleo dessa experiência. Olhe fixamente para um objeto à sua direita por 10 segundos. Depois diretamente à sua frente para outro objeto por mais 10 segundos. Então escolha um objeto à sua esquerda, e repita o procedimento. Perceba onde a experiência é mais intensa ou perturbadora: se à sua direita, à frente ou à sua esquerda. Seja qual for, olhe fixamente para esse ponto e perceba como se sente no corpo. Comece em seguida com a estimulação bilateral (fechando e apertando as mãos) e lembre-se de continuar durante todo o exercício.

Passo 4 – Deixe sua mente viajar por si mesma por um ou dois minutos, percebendo o que aparece. Lembre-se de adotar a perspectiva de um observador objetivo durante todo o exercício. Não julgue o que aparecer nem direcione seu pensamento conscientemente. Após mais ou menos um minuto, veja como está se sentindo e a localização dessa sensação no corpo.

Passo 5 – Continue com dois ou três dessas sequências de um a dois minutos, verificando consigo mesmo como está depois de cada sequência, para conferir o que sente e onde essa experiência está presente no corpo. Uma vez que tenha feitos alguns dessas sequências mais curtas, faça várias sequências mais longas, verificando como está a cada três ou cinco minutos.

Passo 6 - Quando sentir que o incidente original perdeu a maior parte de sua carga emocional, volte ao ponto de partida, à lembrança inicial e verifique como ela está agora. Quando fizer isso, perceba, mais uma vez, o que você vê, ouve, sente e cheira. O que você sente no corpo e onde sente isso? Use novamente a escala de 0-10 para medir a intensidade da perturbação ainda presente. Se a perturbação for 2 ou menos, faça mais algumas sequências, até que não consiga mais ativar nenhuma perturbação ao fazer contato com a experiência original. Se a intensidade da perturbação for de 3 ou mais, volte ao Passo 4 e continue a processar, fazendo quantas sequências forem necessárias. No final dessas sequências, volte à experiência original e veja como está.

Quando voltar ao incidente original e não conseguir ativar nenhuma perturbação, pode terminar o exercício ou continuar com mais algumas sequências para aprofundar o relaxamento e a expansão. Lembre-se que esse é um processo poderoso, então você pode sentir-se um pouco cansado ou "fora do ar", quando terminar. Na verdade isso é um bom sinal, porque mostra que seu cérebro fez o trabalho pesado, liberando você das garras do trauma esportivo. Assim sendo, *é importante não fazer esse exercício logo antes do treino ou de uma competição*. Em vez disso, experimente quando tiver tempo livre não muito próximo de uma performance.

Também é essencial lembrar que fazer esse exercício apenas uma vez geralmente não é o suficiente para te liberar completamente do que quer que te prenda. Na realidade, depois de uma ou duas vezes, pode ser que você perceba que o nível da perturbação continua acima de 3, quando chega próximo a uma performance. Se esse for o caso, continue a usar o exercício até que consiga conter melhor a perturbação. Um ou dois dias após sua primeira auto-sessão, vá para o local de sua performance e observe quaisquer mudança em suas respostas físicas ou mentais. Essas diferenças podem ser pequenas, envolvendo pequenas mudanças de atitude, menos medo, ou um pequeno aumento no relaxamento. Pode ser, no entanto, que você perceba mudanças positivas mais significativas e claras. Não se assuste se observar aumento de pensamentos negativos ou ansiedade. Qualquer que seja a diferença percebida, estimulamos você a confiar no processo e trazer essas mudanças para a próxima auto-sessão.

Se as mudanças percebidas foram positivas, comece focando nelas em sua próxima autossessão. Se as mudanças foram negativas ou resultaram em aumento da perturbação, comece com esses sentimentos. Você pode também começar a próxima sessão focando diretamente qualquer bloqueio, medo ou dúvida restantes.

Tente evitar criar expectativas de que suas autossessões eliminem seus medos, ou eliminem seu problema de performance de forma imediata e dramática. São as próprias expectativas que alimentam suas dificuldades de performance. Expectativas em relação à performance interferirão com o processo desses exercícios e te manterão preso. (Para uma discussão mais aprofundada sobre o poder destrutivo de expectativas em relação à performance, veja o Capítulo 7).

Isso pode ser um desafio, porque você está lendo esse livro e fazendo esses exercícios para superar seu problema de performance. Como conseguirá *não* ter expectativas de se desbloquear e retornar à sua melhor forma? Em termos práticos, quando você pisa no campo, quadra, ou campo de golfe, quer ter um bom desempenho e ganhar. A performance expandida e o vencer geralmente acontecem quando não estamos focados no *resultado*, mas sim no *processo* da performance. O mesmo é verdade em sua autossessão. Mudanças positivas encontram seu próprio caminho, não o caminho da antecipação ou da expectativa. Esteja aberto a qualquer mudança, independentemente de quão pequena e esteja atento às surpresas.

4 - Recuperação de lesões e medo de novas lesões

As técnicas do Trabalho de Brainspotting no Esporte também são eficazes tanto na recuperação de lesões, quanto no trabalho com o medo de novas lesões. Todos os atletas vivenciam traumas físicos durante suas carreiras. Alguns atletas sofrem menos lesões ou lesões menos extensas. Outros sofrem lesões múltiplas, mais graves, algumas das quais podem demandar cirurgia e reabilitação prolongada. Como discutimos ao longo desse livro, lesões não são traumas apenas para o corpo, mas também para a mente.

Quando uma lesão cicatriza e você é liberado pelo médico para jogar novamente, sua mente pode não estar tão pronta e disposta quanto seu corpo. É normal sentir-se hesitante e com a sensação de que se machucará novamente se você "der tudo o que tem". Independentemente de quão intensos sejam esses sentimentos, saiba que são normais e inevitáveis. Tendemos a vivenciar essas preocupações em nossos "pontos de ansiedade", tais como a cabeça, garganta, peito, estômago e costas, assim como no local físico da lesão mesma, por exemplo: no joelho, ombro, cotovelo ou tornozelo.

Você pode usar o seguinte exercício enquanto se recupera de uma lesão ou quando retornar às atividades após uma lesão:

Parte 1 - Recuperando-se da lesão

Passo 1 – Encontre um local tranquilo onde possa ficar sem ser perturbado por 15-20 minutos. Feche os olhos e faça contato com a lembrança de sua lesão e como ela ocorreu. Perceba o que vê, ouve, sente ou cheira. Esteja atento a quaisquer emoções ligadas a essa experiência e onde você as sente em seu corpo. Usando a escala de 0-10 para avaliar a intensidade de seus *sentimentos atuais*, deixe que um número apareça espontaneamente em sua cabeça. Preste atenção especial à área em seu corpo que foi machucada.

Passo 2 – Encontre a posição ocular que corresponde ao núcleo da experiência da lesão. Olhe fixamente para um objeto à sua direita por 10 segundos. Depois olhe fixamente para um objeto à sua frente por mais 10 segundos. Depois escolha um objeto à sua esquerda e repita o procedimento. Note onde sente a experiência da lesão mais intensamente, se à sua direita, em frente ou à sua esquerda. Seja onde for, olhe fixamente para esse ponto e novamente perceba como sente a experiência em seu corpo. Em seguida, inicie a estimulação bilateral (fechando e apertando as mãos). Lembre-se de continuar a fazer isso durante todo o exercício.

Passo 3 – Mantenha seus olhos nessa posição e deixe que sua mente reprise a lesão, da forma como ela quiser. Pode ser que sua mente passe pelo evento do início ao fim, ou que pule de um momento para outro. Pode ser que você note que, quando sua mente faz isso, passa para outras lesões relacionadas ou não a essa. Não tente conscientemente direcionar ou censurar o que aparece. Apenas perceba para onde sua mente vai e o que você vê, ouve e sente em seu corpo. Faça isso por dois a três minutos.

Passo 4 – Verifique novamente o que sente e a localização dessa sensação no corpo. Mantendo a mesma posição ocular, faça vários outras sequências de dois a três minutos. Verifique consigo mesmo como está após cada sequência e perceba a intensidade e a localização das sensações físicas, bem como o que acontece com as imagens internas. Depois de ter feitos algumas dessas sequências mais curtas, faça várias sequências mais longas, de quatro a cinco minutos.

Passo 5 – Faça contato com a lesão original e perceba novamente o que vê, escuta e sente. Esteja atento a qualquer sensação física em seu corpo, principalmente na região da lesão. Use novamente a escala de 0-10 para medir a intensidade da perturbação que ainda resta. Se a intensidade da perturbação for 2 ou menos, faça mais algumas sequências até que não consiga mais ativar qualquer perturbação em relação à lesão. Se for 3 ou mais, volte ao Passo 2, e continue a processar até que tenha se liberado da perturbação.

Quando a perturbação chegar a 0 enquanto pensa na lesão, você está pronto para prosseguir para a segunda parte deste exercício. Lembre-se que esse trabalho é poderoso e que você pode se sentir um pouco cansado e um pouco "fora do ar" quando terminar. Assim sendo, não faça esse tipo de trabalho *logo antes de treinos ou de competições*.

Como no exercício anterior, pode ser necessário realizar esse exercício algumas vezes antes que consiga superar completamente as sensações físicas e os sentimentos relacionados à lesão. Se não notar muita diferença, tenha paciência consigo mesmo e continue trabalhando.

Parte 2 – Superando o medo de machucar-se novamente

Passo 1 – Se estiver dando continuidade após a Parte 1, "Recuperando-se da lesão", mantenha a mesma posição ocular e imagine-se voltando a jogar. Esteja atento a quaisquer medos ou pensamentos negativos que ainda estejam presentes relacionados à possibilidade de machucar-se novamente. Não tenha receio de aumentar a intensidade desses medos, já que quanto mais perturbação você gerar, mais liberará no final. Perceba quaisquer imagens, pensamentos, emoções ou sensações corporais negativas. Avalie a intensidade de sua perturbação de 0 a 10.

Se não estiver continuando da Parte 1, "Recuperando-se da Lesão", encontre o Brainspot que se correlaciona ao medo de machucar-se novamente. Olhe fixamente para um objeto à sua direita por 10 segundos. Depois, olhe fixamente para um objeto diretamente à sua frente por mais 10 segundos. Em seguida, escolha um objeto à sua esquerda e repita o procedimento. Perceba onde a experiência da lesão é mais intensa: se à sua direita, diretamente em frente ou à sua esquerda.

Passo 2 – Usando estimulação bilateral, permita que sua mente explore sozinha por dois ou três minutos. Se começar a se imaginar se machucando novamente, não interrompa a imagem, porque, tendo oportunidade, ela vai se esgotar. Ao final desse período tente fazer contato novamente com seu retorno ao jogo, e veja o que sente agora.

Passo 3 – Continue com várias sequências de dois a três minutos, permitindo que sua mente vá para onde ela quiser. Uma vez que tenha feito algumas dessas sequências mais curtas, faça várias sequências mais longas, novamente percebendo como você está após cada três a cinco minutos, verificando, principalmente, o que sente no corpo.

Passo 4 – Imagine-se, mais uma vez, retornando a seu esporte e verifique como estão seus medos e pensamentos negativos. Perceba o que sente e a localização dessa sensação no corpo. Avalie qualquer perturbação restante de 0 a 10. Processe qualquer perturbação ainda existente fazendo quantas sequências de três a cinco minutos forem necessárias para levar seu desconforto a zero.

Passo 5 – Quando não conseguir mais sentir qualquer perturbação em relação a seu retorno ao esporte, intencionalmente pense nos "e se" (E se ISSO acontecer novamente? E se eu não for tão bom? E se for substituído?). Eleve sua ansiedade ao máximo que puder, imaginando seus piores temores tornando-se realidade. Deixe sua mente processar isso por três a cinco minutos e veja o que aparece. Se ainda houver alguma perturbação, continue a processar em sequências de três a cinco minutos, até que você não consiga mais sentir qualquer desconforto quando pensa sobre os "e se".

Passo 6 – Agora que se liberou dos medos de retornar ao esporte, é hora de mudar para o positivo. Permanecendo no mesmo Brainspot, pense em como você jogava antes da lesão. Perceba o que vê e sente quando se lembra de jogar o seu melhor. Seu cérebro e seu corpo contêm essas memórias musculares e tendo eliminado o negativo, essas memórias são fáceis de serem reativadas. Pode ajudar o processo se você conseguir sentir seu corpo jogando a bola, dando uma tacada ou fazendo uma saída (na ginástica). Faça mais uma ou duas sequências de dois a três minutos, enquanto revê algumas dessas performances antes da lesão.

Passo 7 – Com a consciência desses sentimentos bons, permita-se ir ao futuro. Imagine-se, com o máximo de detalhe possível, atuando como fazia antes. Veja, escute e sinta-se tendo um desempenho como o que você quer, sentindo-se relaxado e confortável. Faça várias sequências de dois a três minutos, enquanto "pratica" sentir essas sensações boas.

6 – Técnicas de performance a serem usadas logo antes ou durante a competição

As estratégias seguintes podem ser usadas *imediatamente antes* de um jogo, partida ou corrida, e até mesmo, dependendo se seu jogo tiver intervalos na ação, *durante* esses intervalos. Esses intervalos podem ser de alguns segundos ou um intervalo entre um tempo de jogo e outro.

A) <u>Alongamento com consciência e estimulação bilateral</u> (antes da performance): Como discutimos anteriormente, o alongamento com consciência é um método eficaz de se relaxar física e mentalmente antes da competição. Alongar com consciência significa que *enquanto* você faz o alongamento, mantém sua concentração focada no grupo muscular que está alongando. Focar na sensação de alongamento em seu corpo distrai sua mente consciente de pensamentos que geram ansiedade e tensão, como: os adversários, o resultado da competição, uma performance ruim passada, ou os "e se". A combinação desse tipo de alongamento com o estímulo bilateral aumenta o efeito de relaxamento físico e mental.

Passo 1 – Movimente os olhos, suavemente, da esquerda para a direita e voltando, com os olhos abertos ou fechados. *Continue esse movimento suave durante todo o exercício.* Leve sua atenção para o primeiro grupo muscular que você geralmente alonga. À medida que começar a sentir o alongamento desses músculos, volte sua atenção para a respiração, levando o ar para os músculos que estão sendo alongados e expire devagar. Mantenha a posição por 20 segundos, continuando a respirar confortavelmente e lentamente. Repita todo o processo com o mesmo grupo muscular.

Passo 2 – Continue o processo iniciado no Passo 1 com cada grupo muscular que você geralmente alonga antes de uma performance.

B) <u>Manter a serenidade durante os intervalos da performance utilizando a técnica de fechar e apertar as mãos bilateralmente</u>: Se o esporte que você pratica tiver intervalos regulares, inerentes ao fluxo da performance, como no beisebol, golfe, basquete, hóquei no gelo, tênis, softbol e futebol, você pode usar esses intervalos para manter-se calmo e sereno. Por exemplo, quando estiver perturbado por um erro, uma má escolha ou um comentário negativo de seu técnico, você pode fechar e apertar as mãos durante alguns minutos para centrar-se e acalmar-se.

Com os olhos abertos ou fechados, feche e aperte as mãos alternadamente. Isso pode ser feito enquanto você está no banco, no campo entre jogadas ou ainda durante os intervalos. À medida que pensamentos e emoções emergem, perceba-os sem julgá-los nem tente interferir com eles. Continue por vários segundos antes de a ação recomeçar e então foque novamente sua concentração na tarefa que tem que realizar. O uso regular dessa estimulação bilateral irá te ajuda a desprender-se da perturbação e retornar mentalmente à ação.

C) <u>Centramento por meio da respiração</u>: Tomar consciência de sua respiração ajuda a centrá-lo e a estar mais presente. Uma maneira fácil de fazer isso é simplesmente "escutar" a inspiração e expiração sem tentar, de forma alguma, controlar conscientemente a respiração. Você pode perceber que inicialmente sua respiração está rápida e rasa ou mais lenta e profunda. Independentemente disso, simplesmente acompanhe o ar entrando e saindo. Você pode fazer isso com ou sem fechar e apertar as mãos alternadamente. O simples ato de perceber sua respiração irá, em última instância, acalmar e te manter no "agora", na medida em que a sabedoria de seu cérebro e corpo tomam conta.

Em uma pausa na ação, volte sua atenção, suavemente, para seu diafragma e acompanhe a inspiração e a expiração. Perceba a profundidade e a velocidade de sua respiração, mas não faça nada conscientemente para mudá-la. Você pode usar essa técnica com os olhos abertos ou fechados. Logo antes do jogo recomeçar, permita que seu foco volte-se novamente para a tarefa a ser realizada.

D) <u>Aprofundar a sensação de performance expandida</u>: Há uma sensação física e emocional específica que acompanha a performance expandida. Ao fazer contato mentalmente com essa sensação e combinar seu ensaio mental com a posição ocular e estimulação bilateral, você pode aumentar as chances de que seu próximo desempenho espelhe essas grandes performances anteriores. Use esse exercício na noite anterior ou no dia de uma performance.

Passo 1 – Feche os olhos e pense em sua apresentação memorável mais recente ou qualquer outra grande performance. Deixe sua mente rever as imagens, sons, sentimentos e sensações dessa experiência, focando no que sentiu em seu corpo enquanto a ação acontecia. Essas "sensações de performance expandida" foram automaticamente memorizadas e armazenadas em seu cérebro e corpo; e podem ser acessadas para uso futuro.

Passo 2 – Encontre o Brainspot que corresponde a essa experiência *positiva*. Olhe fixamente para um objeto à sua direita por 10 segundos. Depois olhe diretamente em frente para outro objeto por 10 segundos. Em seguida, escolha um objeto à sua esquerda e repita o mesmo procedimento. Perceba em qual das posições – à sua direita, diretamente em frente ou à sua esquerda – você se sente melhor e mais conectado à sua performance. Continue olhando para esse ponto, pois ele te ajudará a conectar-se e a aprofundar essas sensações boas.

Passo 3 – Feche e aperte as mãos direita e esquerda alternadamente, com consciência das sensações boas e de onde se localizam no corpo. Deixe sua mente explorar sozinha por um ou dois minutos. Pode ser que você comece a lembrar-se de outras boas performances. Perceba o que surge e mantenha sua percepção do que sente no corpo.

Passo 4 – No Brainspot positivo, volte novamente àquelas sensações boas. Podem ter se fortalecido, enfraquecido ou se movimentado pelo corpo. Mais uma vez, apenas perceba o que sente e deixe sua mente ir por mais um ou dois minutos.

Passo 5 – Depois de verificar como estão as sensações boas agora, faça uma projeção para uma performance no futuro. Com a consciências das sensações boas em sua mente e em seu corpo, deixe sua mente antever essa vivência futura da forma como quiser que ela aconteça.

Passo 6 – Faça várias sequências em que você vai e volta da ótima performance no passado para a performance antecipada no futuro. Deixe fluir entre as duas enquanto mantém sua atenção nas sensações e sentimentos que aparecem e onde você os sente no corpo.

Apresentamos uma variedade de exercícios neste capítulo para que você tenha uma ideia de como trabalhamos e para lhe dar alguns instrumentos para abordar seu PRPE sozinho. Pode ser que você ache um ou mais desses exercícios úteis para diminuir ou até para eliminar seu PRPE. Lembre-se que problemas de performance desse tipo podem ser complicados e frequentemente demandam a ajuda de um terapeuta capacitado em Trabalho de Brainspotting no Esporte para descobrir as raízes e processar quaisquer traumas esportivos subjacentes. No entanto, se você achar esses exercícios de autoajuda úteis, estimulamos você a continuar a usá-los, além de experimentar outras técnicas.

Tente lembrar-se de que o que você mais precisa em sua batalha contra qualquer PRPE é paciência. Também é importante que você seja gentil consigo mesmo durante todo o processo. Impaciência e raiva autodirigida só fazem você ficar mais preso e minam ainda mais sua autoconfiança. Em vez disso, você precisa ser um "bom técnico" que dá apoio a si mesmo e cria um ambiente interno de segurança, crucial para a resolução de qualquer PRPE.

Conclusão

Eventos que são física e emocionalmente perturbadores, ou o que temos chamado de trauma ao longo desse livro, são parte natural da condição humana. Não há como passar pela vida sem vivenciar inúmeros eventos que tenham efeito traumático sobre você. Quando você participa de esportes competitivos, a probabilidade de encontrar esse tipo de perturbação aumenta. Quando somos humilhados, sentimos medo, ou sofremos lesões, esses traumas têm impacto significativo, e frequentemente oculto, sobre nossas performances e sobre nosso bem estar psicológico.

O esporte é uma versão concentrada de nossa vida diária. As performances são limitadas no tempo, jogadas em uma área delimitada e o resultado tem grande importância para nós. Por isso há oportunidade maior para a exposição a traumas, com consequências duradouras para as pessoas no âmbito pessoal e esportivo. *Temos descoberto que é o acúmulo gradual, inconsciente dessas experiências perturbadoras no cérebro e no corpo, desde a prática de esportes na infância, a causa primária de problemas repetidos no esporte, como ansiedade de performance, bloqueios e yips.*

Os métodos tradicionais para lidar com esses problemas recorrentes têm focado a *superfície* do problema. Isso inclui os sintomas de ansiedade do atleta, a dúvida obsessiva em relação a si mesmo e o pensamento negativo, a tensão física e a perda da concentração. A Psicologia do Esporte praticada atualmente emprega estratégias comportamentais conscientes, na tentativa de acalmar o nervosismo do atleta, de reforçar sentimentos de autoconfiança e de ajudar o competidor a focar na tarefa a ser realizada. Infelizmente, essas técnicas raramente têm impacto *duradouro*, porque ignoram as causas originais do problema, que são traumas físicos e emocionais acumulados inconscientemente. Assim como no jardim, quando arrancamos as ervas daninhas, mas deixamos as raízes, o problema retorna com mais força do que nunca.

Às vezes as lesões podem estar *diretamente* ligadas ao PRPE contra o qual o atleta luta. Apresentamos o exemplo de um esquiador incapaz de lançar-se agressivamente no percurso durante as competições. Em vez de ficar abaixado e inclinado para frente em seus esquis, não conseguia evitar de inclinar-se para trás e deixar o corpo mais elevado. Durante a temporada anterior ele havia sofrido um acidente que tinha interrompido sua temporada, ao romper o ligamento cruzado anterior de seu joelho direito. Essa lesão específica inconscientemente causava sua hesitação.

Geralmente, a conexão da lesão com a dificuldade de performance não é tão clara. Atletas sofrem de inúmeros traumas físicos e emocionais ao longo dos anos sem *aparentemente* ter qualquer efeito negativo sobre suas performances. É preciso apenas um evento perturbador adicional para disparar o surgimento de um problema repetido de performance em grande escala. Por exemplo, um arremessador do ensino médio que era uma estrela, repentinamente perdeu seu controle característico e começou a jogar a bola abruptamente em direção ao chão, quando olheiros da Liga Principal compareciam a seus jogos. Sua história era repleta de lesões no braço que usava para arremessar, distensões musculares dolorosas nas costas e um tornozelo fraturado quando deslizava para chegar a uma base. Examinando a situação mais de perto, essas lesões acumuladas acabaram por causar seus yips de arremesso.

O fato de que o cérebro e o corpo automaticamente memorizam cada lesão sofrida pelo atleta dá suporte à nossa descoberta inovadora. Se esses traumas não forem processados, ficam presos, em sua totalidade, na neurofisiologia do atleta. Isto é, o atleta guarda todas as imagens, sons, cheiros, emoções e as sensações corporais do trauma de forma inconsciente. Eventos perturbadores subsequentes acumulam-se como camadas sobre os traumas anteriores. Durante alguns meses ou até mesmo anos, o atleta pode parecer estar totalmente indiferente, não afetado pelo acúmulo de traumas. Isso acontece porque, até esse ponto, o atleta conseguiu, de alguma forma, adaptar-se às consequências físicas e emocionais dos traumas.

No entanto, à medida que mais eventos perturbadores acumulam-se, a habilidade do atleta de adaptar-se torna-se gradualmente sobrecarregada. A represa contendo a pressão da água que se acumula finalmente se enfraquece e surgem vazamentos. É nesse ponto que o problema repetido de performance emerge visivelmente para o atleta, técnicos, fãs e pais. Então, quando o atleta está sob pressão para atuar ou é de alguma forma inconscientemente lembrado dos traumas originais, a represa finalmente se rompe e ele é inundado por ansiedade e torna-se incapaz de desempenhar até mesmo tarefas simples.

Colin Burns, nosso goleiro da Primeira Divisão (Capítulo 2), sempre ficava com mais medo e hesitação no gol no dia de jogo que estivesse nublado e chuvoso. Essas eram exatamente as condições climáticas do dia em que foi chutado no rosto, tendo por isso, ficado fora do resto da temporada, quase encerrando sua carreira no futebol. A lembrança do relâmpago, da baixa temperatura, da chuva e da neblina ativavam seu trauma passado, fazendo com que revivesse o passado *sem o saber*.

Cunhamos o termo transtorno de estresse traumático relacionado ao esporte (TETRE) para representar esse fenômeno. Com o TETRE, sempre que os indivíduos são significativamente lembrados do(s) trauma(s) original(is), são inconscientemente puxados de volta ao passado. Quando um rebatedor entra para jogar, o medo, a dúvida em relação a si mesmo e a incapacidade de acertar a bola podem estar diretamente relacionados com o fato de que uma bola acertou sua cabeça um ano antes. O simples ato de chegar ao home plate dispara um flashback inconsciente. Num instante, sua resposta de autoproteção, luta/fuga entra em funcionamento, reflexamente fazendo com que ele se incline, afastando-se do home plate, se apresse em tentar acertar a bola ou congele com o taco sobre o ombro.

Essa dinâmica está no cerne de todo problema repetido de performance. As necessidades de desempenho da situação - nesse caso, dar um passo *em direção* à bola - são interrompidos pelo instinto de autoproteção de puxar o corpo *para trás*. O corpo do atleta mantém uma memória congelada do trauma, respondendo no presente como se o perigo existisse *neste momento*. Esses movimentos podem ser quase imperceptíveis ou podem ser dolorosamente óbvios, como congelar, dar um passo para trás ou movimentar-se bruscamente.

É esse conflito, entre as demandas de movimentos da performance e os movimentos instintivos de autoproteção para se afastar do perigo percebido, que explica um arremessador que repentinamente não consegue arremessar na direção do home plate, um halfback que se atrapalha repetidamente, um esquiador que vai mais devagar quando precisa acelerar, um golfista que faz um movimento brusco com o punho e erra uma jogada perto do buraco ou uma ginasta que congela toda vez que tenta uma pirueta para trás. Mesmo que, em cada uma dessas situações, a memória muscular tenha sido aprimorada por anos de treino de habilidades e de repetição, o movimento correto é vencido por reflexos de autoproteção que disparam inadequadamente.

Reconhecemos que nossa abordagem será nova e controversa em alguns meios. Até agora, os problemas repetidos de performance no esporte têm sido pensados como restritos ao do *controle consciente* do atleta. Se isso fosse verdade, a Psicologia do Esporte tradicional seria mais efetiva em obter resultados consistentes e permanentes. O fato é que essas técnicas conscientes tomadas isoladamente são tristemente inadequadas para a resolução de PRPEs de base traumática.

Como pode a Psicologia do Esporte tradicional explicar porque o receptor da Liga Principal (ex-Met) Mackey Sasser ou o segunda base, Luva de Ouro (Yankee) Chuck Knoblauch tiveram suas carreiras interrompidas pelos yips de arremesso? Sasser consultou com 50 profissionais numa tentativa desesperada de superar seus problemas de arremesso e salvar a carreira (Capítulo 1). Nenhum deles foi capaz de ajudá-lo, porque nenhum desses profissionais fez um levantamento minucioso da história de traumas esportivos e pessoais, com a intenção de avaliar possíveis causas subjacentes.

Os conceitos avançados do Trabalho de Brainspotting no Esporte advêm do campo do trauma, onde aqueles que sofrem de TEPT têm recebido ajuda para alcançar alívio permanente de seus sintomas. O cerne de nossa abordagem com os PRPEs é a vulnerabilidade dos atletas a traumas físicos e emocionais. Cada esporte implica movimentos complexos. O atleta desafia a gravidade, torcendo-se no ar e movendo-se rapidamente. Nesse processo pode colidir contra objetos imóveis ou contra outros atletas.

Muitas lesões ocorrem durante a infância e a adolescência, períodos cruciais de desenvolvimento fisiológico, neurológico e emocional. Jovens são muito mais vulneráveis ao trauma durante esse período de desenvolvimento. Como resultado, é muito mais provável que o que aconteça nesse período fique preso na neurofisiologia do jovem atleta e emerja mais tarde como um problema repetido de performance. Verificamos que, usando o Trabalho de Brainspotting no Esporte, não só ajudamos atletas bloqueados a passarem pelas fases ruins e a se libertarem, mas também elevamos seu desempenho a novos patamares.

Nossa abordagem também pode ser usada com atletas que têm um desempenho média ou *superior* a expandir a performance para além de suas expectativas. Mesmo os atletas no auge de sua forma, como Tiger Woods, estão se adaptando a lesões e a traumas esportivos. *Todos os atletas carregam* resquícios fisiológicos, neurológicos e emocionais desses traumas e, como consequência, estão em constante estado de adaptação. Avaliamos todos os atletas e a eficácia de seu desempenho pessoal em um continuum. Alguns estão em um extremo já que a habilidade de adaptar-se falhou. Encontram-se completamente paralisados pelos yips ou por fases ruins incuráveis. Outros são mais capazes de se adaptar aos traumas e são portanto capazes de ter um desempenho mediano, o que ainda está aquém de suas habilidades potenciais. No outro extremo do espectro estão aqueles no máximo do desempenho; mas mesmo esses atletas podem expandir sua performance identificando e processando suas lesões e traumas. Ajudamos esses competidores a elevar ainda mais seu jogo, para além de onde acreditavam ser possível.

Após 19 anos de um yips de arremesso constrangedor, Mackey Sasser (Capítulo 1) consegue agora arremessar confortavelmente durante treinos de rebatida do time de ensino médio do qual é técnico, *mesmo quando está sendo observado*. Como Mackey explicou após seu trabalho com Dr. Grand, "Eu me sinto livre das coisas do passado. Não penso em todos os problemas de arremesso, nem em nada. Apenas arremesso a bola. É mais relaxado e mais "que se dane", e para dizer a verdade, não é nada tão grande assim; apenas jogar uma bola de beisebol. Isso é tão diferente de quando eu jogava profissionalmente!"

O goleiro Colin Burns (Capítulo 2) formou-se em 2005 na UMass, onde tinha lutado contra uma ansiedade de performance crônica e a perda da autoconfiança. Três anos após sua formatura ligou-nos para contar que tinha acabado de assinar um contrato de dois anos com o Ljungskile, um time profissional sueco. Quando escrevemos este livro, era o goleiro *titular*. Burns descreveu seu estado atual após o trabalho com o Dr. Goldberg: "O que fizemos mudou algo completamente dentro de mim. *Fico absolutamente calmo hoje em dia, jogando diante de vinte mil suecos gritando, em rede nacional de televisão, sem qualquer problema.*"

    A ginasta Amanda Dearman (Capítulo 6) recuperou-se de uma lesão que quase acabou com sua carreira, ficando congelada pelo medo no ginásio, incapaz de executar os movimentos mais simples. Recuperou todas as habilidades perdidas e executou-as com sucesso e sem ansiedade, sob a pressão e o escrutínio das grandes competições. Nas competições regionais, participou com sucesso das quatro modalidades e chegou em segundo lugar geral. Além disso, Amanda continuou a aprender habilidades novas e mais desafiadoras sem ser prejudicada por medos incapacitantes.

    Calder Kaufman, nosso arremessador de beisebol do ensino médio, emergiu de seu trabalho com o Dr. Grand um indivíduo mais calmo e introspectivo. Apesar de repetidas cirurgias não resolverem suas múltiplas lesões no ombro, a experiência de Calder com o yips de arremesso trouxe, em última instância, uma importante mudança em sua vida. "Na verdade, foi a melhor coisa que poderia ter acontecido comigo, porque forçou-me a enfrentar diretamente e a dominar minha ansiedade, lesões esportivas e traumas pessoais. Se o beisebol não fosse tão importante pra mim, talvez nunca teria lidado com tudo isso". O processo extenso de Calder com o Trabalho de Brainspotting no Esporte o modificou significativamente como pessoa. Ele está mais feliz, muito mais relaxado e equilibrado do que jamais poderia ter imaginado. Completou a graduação e agora faz um mestrado em Psicologia. Calder aspira a trabalhar com atletas para ajudá-los a superar os mesmos tipos de dificuldades de performance que enfrentou.

    Vemos isso como um período muito excitante no campo da Psicologia do Esporte e no aprimoramento de performance. A abordagem do Trabalho de Brainspotting no Esporte é eficaz e poderosa, com atletas em todos os esportes, em todos os níveis, desde o profissional e olímpico, até os "guerreiros de final de semana". Nossas técnicas ultrapassam o esporte e podem ser aplicadas a uma ampla variedade de áreas, incluindo negócios, artes performáticas, falar em público e o meio acadêmico. O trabalho de Brainspotting no Esporte ajuda os indivíduos, tanto dentro quanto fora do campo, a sentirem-se melhor em seus corpos e a manter um senso de relaxamento, equilíbrio e timing aprimorado. Como os esportes tratam justamente de ultrapassar barreiras e de ascender a novas alturas, acreditamos que nossa metodologia ofereça as ferramentas inovadoras que levarão as pessoas a novos níveis de expansão de performance.

Bibliografia

Sports Slump Busting – 10 Steps To Mental Toughness and Peak Performance; Alan Goldberg, Ed. D.; c. 1998 Human Kinetics, Champaign Illinois.

Emotional Healing at Warp Speed – The Power of EMDR; David Grand Ph.D.; c. 2001 Harmony Books – Randome House, New York, NY.

Walking The Tiger – Healing Trauma; Peter Levine, Ph. D.; c. 1997 North Atlantic Books, Berkeley, Ca.

Little Girls In Pretty Boxes – The Making and Breaking of Elite Gymnasts and Figure Skaters; Joan Ryan, c. 1995, Bantam-Doubleday Dell, New, NY.

The Body Bears The Burden – Tauma, Dissociation and Disesase; Robert Scaer MD. ; c. 2001, The Haworth Medical Press, Bing-hamton

The Trauma Spectrum – Hidden Words and Human Resiliency; Robert Scaer MD. C. 2005, W. W Norton & Company, New York, NY.

Chalked up – Inside Elite Gynmastics'Merciless Coaching, Overzealous Parents, Eating Disorders and Elusive Olympic dreams, Jennifer Sey, C. 2008, Harper Collins, New York, NY.

EMDR – Eye Movement Desensitization and Reprocessing: Basic Principles, 2nd Edition; Francine Shapiro; c. 2001, Guilford Press, New York, NY.

Biografias

O Dr. G - Dr. Alan Goldberg é um especialista internacional no campo da Psicologia do Esporte Aplicada. Foi consultor de Psicologia do Esporte na Universidade de Connecticut e tem mais de 26 anos de experiência com atletas e times em todos os esportes e em todos os níveis, desde profissionais a competidores iniciantes. O autor  de Sports Slump Busting e Playing Out of Your Mind, o Dr. G especializa-se em ajudar pessoas a superar medos e bloqueios, a sair rapidamente de fases ruins e a ter um desempenho de acordo com seu potencial. Para entrar em contato com o Dr. Goldberg, acesse: www.competitivedge.com

 Dr. Grand - Dr. Grand é especialista em performance, psicoterapeuta, autor, palestrante e humanitário, reconhecido pela descoberta e desenvolvimento do internacionalmente aclamado Brainspotting. É autor do livro Cura Emocional em Velocidade Máxima e Redefinindo o EMDR. O Dr. Grand é reconhecido por suas descobertas e avanços na cura do trauma e no aprimoramento da performance nos esportes e na criatividade. Seu método Brainspotting e o Biolateral Sound são atualmente utilizados por milhares de terapeutas em todos os continentes, buscando superar as limitações das terapias verbais. Para entrar em contato com o Dr. Grand, acesse: www.Brainspotting.pro .

Mais Livros Sobre EMDR
Livros em kindle/e-book também disponível no site da
www.amazon.com.br

Leia mais sobre esse livro em nosso site
traumaclinicedicoes.com.br
Para adquirir o livro *Curando A Galera Que Mora Lá Dentro* acesse a nossa loja virtual
https://www.createspace.com/4247161

Para saber mais sobre esse livro e para adquirir-lo acesse o nosso site
traumaclinicedicoes.com.br

Leia mais sobre esse livro em nosso site
traumaclinicedicoes.com.br
Para adquirir o livro *Cura Emocional em Velocidade Máxima: O Poder do EMDR*
acesse a nossa loja virtual
https://www.createspace.com/4086803

Leia mais sobre esse livro em nosso site
traumaclinicedicoes.com.br
Para adquirir o livro *Dia Ruim... Vá Embora* acesse a nossa loja virtual
https://www.createspace.com/4000572

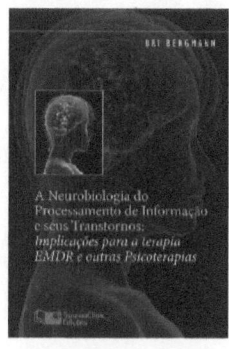

Leia mais sobre esse livro em nosso site
traumaclinicedicoes.com.br
Para adquirir o livro *A Neurobiologia do Processamento* acesse a nossa loja virtual
https://www.createspace.com/4803036

Leia mais sobre esse livro em nosso site
traumaclinicedicoes.com.br
Para adquirir o livro *A Revolução EMDR* acesse a nossa loja virtual
https://www.createspace.com/4834900

Leia mais sobre esse livro em nosso site
traumaclinicedicoes.com.br
Para adquirir o livro *Definindo e Redefinindo EMDR* acesse a nossa loja virtual
https://www.createspace.com/4424746

Leia mais sobre esse livro em nosso site
traumaclinicedicoes.com.br
Para adquirir o livro *Transtornos Dissociativos* acesse a nossa loja virtual
https://www.createspace.com/5023963

Leia mais sobre esse livro em nosso site
traumaclinicedicoes.com.br
Para adquirir o livro *Saindo Dessa* acesse
a nossa loja virtual
https://www.createspace.com/5262107

www.ingramcontent.com/pod-product-compliance
Lightning Source LLC
Chambersburg PA
CBHW031834230426
43669CB00009B/1341